Marie-Luise Blunk · Durchs dunkle Tal

D1865941

Marie-Luise Blunk

Durchs dunkle Tal

Das Tagebuch der Anne-Catherine Reccard

R. BROCKHAUS

R. Brockhaus Taschenbuch Bd. 829

© 1990 R. Brockhaus Verlag Wuppertal und Zürich
Umschlaggestaltung: Carsten Buschke, Solingen
Gesamtherstellung: Breklumer Druckerei Manfred Siegel KG
ISBN 3-417-20829-7

Ich widme dieses Buch
meiner Mutter
Jutta Kreitz
in Liebe und Dankbarkeit.

M. L. B.

VORWORT

Das Tagebuch meiner Urahne Anne-Catherine Reccard befindet sich im Familien-Archiv. Es wurde aus dem Französischen in die deutsche Sprache übersetzt.

Da die Datierungen im Tagebuch zum Teil widersprüchlich sind, was in Flucht und vielen Krankheiten seine Ursachen hat, habe ich sie fortgelassen. Die Daten am Anfang und Ende sind richtig.

Einige Namen habe ich aus verständlichen Gründen geändert.

Von meiner Mutter stammt die erste Abschrift dieses Tagebuches. Sie hat es handschriftlich und in deutscher Schrift angefertigt, die heute kaum noch jemand lesen kann.

Wuppertal, im Frühjahr 1990 Marie-Luise Blunk

Dieses Tagebuch ist Eigentum von
Anne-Catherine Reccard
zum 17. Geburtstag.

Media vita in morte sumus
Ton père *Pierre Reccard*

L'Eternel te gardera de tout mal
il gardera ton âme
L'Eternel gardera ton départ et ton arrivée
dès maintenant et à éternité!

Psalm 121,7 und 8

Ta mère *Henriette Reccard*

»Mitten im Leben sind wir vom Tode umfangen.«

»Der Herr behüte Dich vor allem Bösen,
Er behüte Deine Seele;
der Herr behüte Deinen Eingang und Ausgang
von nun an bis in Ewigkeit.«

1685

Diese Nacht werde ich nie vergessen: Sanftes Rütteln weckte mich! Ich fuhr aus tiefem Schlummer hoch. Meine liebe Mama stand mit bleichem Antlitz vor meinem Bett. In der Hand hielt sie eine Öllampe. In dem hohen silbernen Leuchter auf dem Waschtisch brannte die Kerze. Sie blakte und tropfte. Mama sagte etwas zu mir. Ich begriff es nicht. Sie bat mich leise, aber eindringlich, ich möge aufstehen und mich ankleiden. Dabei begann sie, die dicken Federbetten aufzudecken. Schlaftrunken und fröstelnd stieg ich aus dem Bett. Mama riß die Schranktüre auf und nahm frische Wäsche und warme Kleidung heraus.

Noch heute sehe ich mich mit bloßen Füßen auf dem Fellstück vor meinem Bett stehen und ungeduldig an den Bändern meines Nachtgewandes zerren. Noch heute höre ich das Knarren der Schranktüre, das Rascheln der Kleider und Röcke. Rieche den Duft der frischgestärkten Wäsche, das Lavendel, das immer in Beutelchen im Wäschschrank hing. Rieche das brennende Öl, die blakende Kerze.

Ich zog an, was Mama mir hinhielt. Sie half mir, die Haken und Ösen zu schließen, und flocht mein Haar zu den langen schwarzen Zöpfen, auf die ich so stolz war. In jener Nacht kam kein buntes Band hinein. Die Zöpfe wurden um den Kopf gewunden. Mama hatte lauter Nadeln im Mund und steckte das Gebilde auf dem Kopf fest. Noch heute spüre ich das Kratzen der Nadeln auf meiner Kopfhaut.

Ich sehe unsere dicke, geliebte Lucienne, von mir seit Kindertagen Luce genannt. Dicke Tränen liefen über ihre runden, roten Wangen. Sie zog dauernd die Nase hoch. Während dessen packte sie eine alte, staubige Ledertasche, die feucht und muffig nach dem Dachboden roch.

Es war Herbst.

Lucienne stopfte all die unentbehrlichen Kleidungsstükke, Waschutensilien, Handtücher in die Reisetasche. Ungeduldig zerrte sie meine Wolldecke aus dem Bett und faltete sie zusammen. Schluchzend und schnupfend verließ sie das Zimmer. Zum erstenmal vergaß sie, die Türe zu schließen.

Ich war wie betäubt. Erst als Mama mir meine Pelzmütze über die Zöpfe stülpte, war ich wach genug, um zu fragen.

»Warum muß ich aufstehen? Und mich ankleiden? Warum mitten in der Nacht? Was ist geschehen?«

Meine liebe Mama, geisterbleich, flüsterte immerfort vor sich hin. Jetzt erst merkte ich, daß sie die ganze Zeit den Psalm 23 aufsagte, immer von Neuem: »Und ob ich schon wanderte . . .!«

»Mama«, rief ich, ängstlich geworden. »Mama! Was um Gottes Willen . . .!«

Aber da war mir plötzlich, als zöge eine Hand einen Vorhang beiseite. Ich erinnerte mich an die merkwürdigen Geräusche mancher Nächte in den vergangenen Wochen und Monaten. Hörte Lucienne, die nebenan schlief, die Treppen hinunter gehen und in der Küche hantieren. Hörte leise, fremde Stimmen und Dialekte aus den verschiedensten Gegenden des Landes.

Eines Nachts stand ich mit bloßen Füßen frierend und zitternd vor Erregung oben an der Treppe. Neugierig schaute ich hinab und sah vermummte Männer, verhärmte Frauen mit Kindern auf dem Arm. Hörte Mama beruhigend reden, sah Papa mit Rotweinflaschen aus dem Keller kommen. Sah, wie er den Leuten Geld gab. Mama brachte einen gefüllten Korb zu den Frauen. Luce fütterte ein Baby mit Milch.

Es war irgendwie schrecklich, aufregend und unheimlich. Unruhig ging ich damals in mein Zimmer zurück. Ich hörte unser Pferd hinter dem Haus schnauben. Vorsichtig sah ich aus dem Fenster. Ich wollte sehen, was weiter geschah. Papa spannte die Kutsche an. Die Leute stiegen hinein, und fort ging es. Mama und Luce hantierten noch eine Weile im Hause herum. Ich konnte in jener Nacht nicht mehr schlafen. Aber wieder und wieder passierten solche Dinge: Leises Klopfen an der Haustür, Stimmengemurmel, Hantieren, wegfahrende Kutschen.

Einmal muß ein Verwundeter dagewesen sein, denn Luce wusch eine Menge blutiger Lappen aus. Als ich fragte, schaute sie sich ängstlich um und flüsterte: »Flüchtlinge – Hugenotten. Man muß doch helfen!«

Jetzt verstand ich, warum ich täglich einen Socken zu stricken hatte, einmal weiß, einmal grau, für Männer- und Frauenfüße. Aus schöner, dicker Schafwolle. Luce kritisierte meine Machwerke zuerst sehr streng. Von da an aber waren sie untadelig. Ich wollte ja auch helfen!

Jetzt also waren *wir* es, die fliehen mußten!

»Mama!« sagte ich bange, »Mama, wo gehen wir hin?«

»Wir müssen fort, Anne-Catherine«, flüsterte Mama und küßte mich mit bebenden Lippen auf die Stirn. Ihre Hände zitterten so stark, daß ich ihr die Öllampe abnahm. Aber viel ruhiger waren meine Hände auch nicht.

Ich sah mich noch einmal in meinem Stübchen um und prägte mir alles ein, um es nicht zu vergessen. Aber es war kein schönes Bild. Solche Unordnung hätte Mama zuvor nie geduldet. Als ich hinter ihr die Treppe hinabstieg, war mein Herz wie ein Stein in meiner Brust. Ich sah das finstere Tal vor mir. Und wir mußten durch dieses Tal hindurch.

Unten im Hausflur sah ich im Schein einer Lampe Papa

stehen. Er trug seinen dicken Pelz und hatte die braune Pelzkappe auf dem Kopf. Vor ihm stand, die Mütze in der Hand, unser Nachbar, der Bauer Ernest Vernay. Warum war er hier – mitten in der Nacht?

Vernay ergriff die Reisetaschen und Körbe, die auf dem schwarzweißen Steinboden standen, und trug sie hinaus. Luce, immer schluckend und schnupfend, folgte mit den Decken. Ich fiel meinem lieben Papa um den Hals und weinte.

»Papa, wohin fahren wir? Wie schrecklich ist dies alles!«

Papa konnte nicht sprechen. Er klopfte mir den Rücken und wandte sich ab. Hatte er Tränen in den Augen? Papa weinte? Dann war es wirklich schlimm! Meine Kehle war ausgedörrt vor Angst und Grauen. In dem flackernden Licht von Lampen und Kerzen sah ich schon die Schergen, die auf uns lauerten! Um nicht zu schreien, stopfte ich mir mein Taschentuch zwischen die Zähne. Mama sah aus, als fiele sie gleich um. Papa legte den Arm um sie, seine Wange berührte die ihrige. So hatte ich mir immer ein Liebespaar vorgestellt. Ich wandte mich ab. Wie unter einem Zwang fragte ich plötzlich:

»Werden wir jemals hierher zurückkommen?«

Papa sagte mit gepreßter, ganz fremder Stimme: »Nein, Chérie – nie!«

Da biß ich so fest in das Taschentuch, daß es in Fetzen ging. In Eile durchschritt ich noch einmal sämtliche Räume des Hauses. A Dieu, du blitzblanke Küche mit den blauen Kacheln, die mich als Kind so beglückt hatten. A Dieu, du Wohnraum mit den hübschen Vorhängen, der heimeligen Atmosphäre, dem Spinett von Mama . . .

Papa rief mich, ich mußte gehen! Als ich hinter meinen

Eltern aus der Haustüre schritt, war meine Kindheit vorbei! Ich war mit Gewalt erwachsen geworden.

Papa legte mir einen alten Pelz über die Schultern. Dabei seufzte er, wie ich es noch nie bei ihm gehört hatte. Ich weinte. Nie zuvor hatte ich Papa so trostlos gesehen. »A Dieu, du liebes Haus, in dem ich geboren bin«, sagte er leise.

»Ich auch, Papa«, setzte ich in Gedanken Papas Abschiedswort fort, und auch der kleine Bruder, der gestorben ist! Wer wird Pierres Grab besuchen und pflegen? Wer wird ihm Blumen bringen? Ich meinte, wir könnten gar nicht fort, das Haus, der Garten, das kleine Grab – und Papas Kranke!

Um uns her war dunkle Nacht! Nur durch das kleine bleigefaßte Fenster des Flures neben der Haustür drang noch der Schein der Lampen und Kerzen, die drin brannten. Ich stieg noch einmal die Treppe zur Haustür hinauf und schaute durch das Fenster in den Flur. Die Treppe, die nach oben führte, hatte ein handgeschnitztes Geländer. Der Löwenkopf am unteren Pfosten trug menschliche Züge und streckte die Zunge heraus. Er sah mich höhnisch an. Mir grauste. Ich rannte die Stufen wieder hinab und rief: »Mama! Wo bist du?«

Ein Pferd schnaubte. Es war nicht unsere Dido, auch nicht unsere Kutsche. Alles blieb zurück, alles! Ich strich dem Pferd über Hals und Nüstern und spürte seinen Atem.

Wo war Luce? »Luce, wo bist du? Du kommst doch mit uns?«

Sie drückte mich an ihren weichen, warmen Leib. »Nein, Anne-Catherine, ich muß hierbleiben!«

Also auch Luce! Meine dicke, geliebte Luce blieb zurück! Alles verlor ich in jener Nacht! Alles! Heimat, Haus, Garten und Kinderzeit! Luce!

Sie hielt mich noch immer an sich gedrückt und weinte mir das Gesicht naß, über das ohnehin meine Tränen rollten. Dann schob sie mich aufschluchzend in die Kalesche, wo Papa und Mama schon saßen. Alles war voller Reisetaschen, Körbe und Decken. Papas Reitstiefel standen in einer Ecke. In jedem Schaft stak eine Flasche. Vernay stieg auf den Bock, die Kutsche ächzte in der Federung. Ich beugte mich zu dem Fensterchen hin und sah Luce. Sie hielt die Öllampe hoch. Mit einem Schürzenzipfel wischte sie immerfort die Augen aus! Und so habe ich sie in Erinnerung behalten!

Schwerfällig fuhr die Kutsche an. Papa nahm unsere Hände und sagte mit gefestigter Stimme:

»Nun sind wir vogelfrei und flüchtig – aber Gott weiß, was er tut! Heimat und Haus müssen wir verlassen – um unseres Glaubens willen! Aber Gott wird uns eine neue Heimat schenken!«

Ich suchte nach meinem Taschentuch, aber ich mußte die Fetzen wohl verloren haben. Mama merkte es und gab mir ihr Tüchlein. Es roch so gut nach Sommer, Sonne, Bleiche, nach Lavendel und nach Mama! Als ich mich etwas beruhigt hatte, fragte ich nach dem Ziel dieser Reise. Wo würde dieses große, unbekannte Abenteuer enden? Ich fragte Papa, während er noch immer Mamas und meine Hände festhielt.

»Nach Preußen, Hessen oder Waldeck«, sagte er. »Wir müssen sehen, ob wir in der Familie von Schreuffa Aufnahme finden können. Oder in der Mark Brandenburg. Ich bekam vor längerer Zeit eine Botschaft von Jost. Er forderte mich auf, mit meiner Familie rechtzeitig das Land zu verlassen und zu ihm zu kommen. Jetzt, wo das Edikt von Nantes aufgehoben wurde, ist es mit der Gleichberechtigung und Gewissensfreiheit vorbei. Aber Gott ist unsre Zuversicht und Stärke ...«

Mama vollendete mit fester Stimme: »... eine Hilfe in den großen Nöten, die uns betroffen haben.«

Dann sprach keiner mehr.

Draußen redete Vernay mit seinem Pferd. Es schnaubte ein paarmal laut. Das Geschirr klirrte. Die Kutsche ächzte in allen Fugen. Wir rumpelten über eine Brücke. Das mußte die Loire sein. Man hörte den Fluß rauschen. Wind kam hoch und blies durch die Scheiben. Mama zitterte am ganzen Körper. Ich wickelte sie in die Decken und war froh, etwas tun zu können. Papa holte die erste Flasche Rotwein aus dem einen Stiefelschaft, aus der weiten Tasche seines Pelzes meinen silbernen Taufbecher. Ich sah ihn in der Dunkelheit blinken. Luce hatte ihn immer so sorgsam geputzt und poliert. Papa reichte erst Mama, dann mir den Becher. Mir wurde warm und wohlig, und ich schlief ein.

Als ich wach wurde, graute der Morgen. Ein bedeckter Himmel stand über einem grauen Fluß. Pferd und Kutsche standen still. Vernay stieg ab und kam an den Kutschenschlag.

»Monsieur le Docteur, wir sind da!« sagte er. »Mein Bruder Jules wartet schon.«

Papa und Mama stiegen aus und halfen mir aus dem Wagen. Meine Glieder waren wie abgestorben. Ich wedelte mit den Armen und trat von einem Bein auf das andere. Es half nur wenig. Ich war steif, übernächtigt und todmüde.

Wir standen vor der Tür eines niedrigen alten Hauses. Es war von einem Garten umgeben, in dem noch letzte Kohlköpfe standen und ein paar Stauden wuchsen. Ich wunderte mich, daß die Vögel sangen und daß die Rosen noch blühten!

»Anne-Catherine! Komm!« rief Mama. Sie und Papa hatten mit Jules Vernay gesprochen. Sie gingen ins Haus. Die Männer trugen die Reisetaschen und Körbe. Ich nahm Papas Stiefel. Die eine Flasche war leer, die andre noch gefüllt. Ich sah Papa an und dachte: Es gibt wohl Zeiten und Stunden, in welchen ein Mann trinken muß, um aushalten zu können. Ich ließ die leere Flasche zwischen zwei Büschen vor dem Haus verschwinden und folgte den andern.

Im Hausflur war es recht dunkel. Es roch nach saurer Milch und Käse. Wir bekamen heiße Milch, weißes, süßes Brot, Butter, Honig und weißen Käse. Wir aßen stillschweigend und müde. Die Brüder Vernay sprachen leise miteinander. Dann schob Ernest verlegen einen Lederbeutel mit Geld vor meinen Papa.

»Geld ist nötig, Monsieur le Docteur, wenn man eine Reise vorhat wie Ihr! Wir haben Euch für mancherlei Hilfe bei Mensch und Tier zu danken!«

Papa reichte ihm die Hand. »Gott möge es Euch segnen, Vernay!«

»Kein Wort, Docteur Reccard! Ich bezahle nur alte Schulden.«

Mama hatte Tränen in den Augen. Meine Eltern waren mir nie so lieb und teuer gewesen wie in jenem Augenblick. In der letzten Nacht war ich verzagt gewesen, hatte ich getrauert um alles, was ich verloren hatte – aber ich hatte sie beide noch! Wie dankbar mußte ich dafür sein! Damals gelobte ich, mein Leben lang so viel Gutes zu tun, wie es mir nur möglich sein würde – aus Dank.

Wie Vernay glaubte, alte Schulden bezahlen zu müssen, so wollte ich in Zukunft die Schulden abtragen, die ich

Gott und meinen Mitmenschen gegenüber hatte, und wollte nicht müde werden, das Gute zu tun!

Vernay nahm kurzen Abschied von uns. Da fiel mir noch etwas ein:

»Oh, Bauer Vernay, ich habe eine Bitte an Euch! Geht ins Schloß zu den Broies und sagt Maurice und Marguerite, daß wir fort mußten. Ich würde immer an sie denken: an unsere Freundschaft, unsere schönen Spiele, an das herrliche alte Schloß, den riesigen Park, an alles! Ich würde Gott bitten, sie glücklich werden zu lassen und sie zu behüten!«

»Ja, Demoiselle Reccard, das werde ich tun. Weint nicht! Ihr geht der Freiheit entgegen! Frankreich aber wird viel Leid deswegen zu erdulden haben, daß es seine treuesten und besten Bürger verfolgen läßt. Ich erwarte von der Zukunft nicht viel Gutes! – Aber als Sohn der alleinseligmachenden Kirche darf ich dies alles eigentlich gar nicht sagen!« Diesen letzten Satz sprach er sehr bitter. Er drückte unsere Hände, drehte sich rasch um und stieg auf seinen Wagen. Er fuhr davon, ohne sich umzusehen – eine gebeugte, kummerbeladene Gestalt. Ich sah ihm nach, bis ich ihn nicht mehr sehen konnte, bis ich das Klappern der Hufe nicht mehr hörte.

Mama rief mich ins Haus: »Anne, chérie, komm herein!« Wir mußten uns entkleiden, waschen und durften uns in die Betten der Vernays legen. Mit dem Getrappel des Pferdes im Ohr und voller Kummer schlief ich ein.

Heute, wo es draußen regnet, will ich weiterberichten! Wie gut, daß ich mein Tagebuch noch rasch in die Tasche gestopft hatte: das Buch, das meine Geschichte erzählen wird, wenn ich schon alt und grau bin. Ja, wenn ich tot bin und meine Kinder und die Kinder meiner Kinder darin lesen, wie es mir ergangen ist. Papa und Mama haben mir das Buch geschenkt.

Es war mein 17. Geburtstag. Luce hatte einen dicken Strauß Blumen in der Hand. Sie machte ihren schönsten Knicks vor mir. Zum ersten Mal!

»Ach, laß doch, liebe Luce!« rief ich. »Für dich werde ich doch nie erwachsen!«

Und schon quetschte sie mich an ihren umfangreichen Busen und wiegte mich hin und her. »Mein Täubchen! Mein Häschen! Mein Schäfchen! Mein Vögelchen!« So, wie sie mich immer zärtlich zu trösten pflegte, wenn ich eine meiner kindlichen Kümmernisse bei ihr ablud. Treue, geliebte Hüterin meiner Kinderzeit! Unvergessen bleibst du mir!

Ich erinnere mich, daß sie eines Tages aufschrie: »Mon Dieu! Das Kind kriegt Busen!« Und zu Mama lief, um es ihr mitzuteilen. Worauf mir Mama das entzückende Schnürmieder machen ließ. Es hatte vorn kleine, gestickte Röschen. Aber das ganze Getue war mir doch sehr genierlich.

Und dann, als ich eines Morgens Blut in meinem Bettlaken fand und glaubte, nun müsse ich sterben! Ich weinte laut und rief nach Luce. Sie stürzte herein. Sie war noch beim Ankleiden gewesen. Ich erblickte sie zum ersten mal in ihren langen, gestärkten Unterhosen mit der abstehenden Spitze am Saum, in ihrem deftigen weißen Mieder, das ihre wogenden Formen zusammenhielt. Mit aufgelöstem Haar und mit nur einem Strumpf an den Füßen stand sie vor mir und rief:

»Mon Dieu! Was ist los? Was schreist du so?«

Ich schluchzte und konnte kaum reden: »I . . . ihihich muß sterben!«

»Was mußt du?« Sie sah mich besorgt an, faßte meinen Puls und legte ihre große, rote Hand auf meine Stirn. »Ach was, Fieber hast du nicht! Wieso willst du sterben? Was hast du denn?«

Ich zog die Nase hoch und deckte verschämt mein Bett auf. Sie sah hin und sagte beruhigt:

»Nein, mein Täubchen, mein Hühnchen, mein Herzblättchen – davon stirbst du nicht! Du bist nun eine kleine Frau! Paß auf, eines Tages kommt ein Prinz und heiratet dich!« Sie drückte mich dabei an ihr Mieder; es ächzte und knarrte von all den Stäben, die darin eingearbeitet waren. Sie wiegte mich hin und her, und so wurde ich ruhig.

»Wart, ich hol deine Mama. Sie muß es wissen!« Damit rannte sie in ihre Kammer, zog sich in Eile an, und dann hörte ich ihre Türe. Sie klopfte bei Mama und Papa, und ich hörte sie aufgeregt erzählen. Ich zog mir die Decke bis an die Nasenspitze hoch, als Papa und Mama hereinkamen. Mama lupfte die Decken, holte Lappen und Tücher. Luce brachte warmes Wasser.

Mama wusch und versorgte mich wie ein kleines Kind. Währenddessen ging Papa im Zimmer auf und ab und erzählte mir mit warmer Stimme, wie ich entstanden war und warum dies nun mit mir geschieht. Luce brachte mir eine Tasse dicke, cremige Schokolade und war so stolz wie eine Henne, die gerade fünfzehn Küken ausgebrütet hat.

Ach Luce! Du gute, treue Seele! Was machst du nun ohne Mama, ohne Monsieur le Docteur und ohne mich? Wem wirst du Maschen vorzählen, Wolle wickeln, wen liebevoll ausschelten, Essen kochen, brummelnd Aschenreste vom Teppich kehren, wem ein Kissen, eine Decke oder die Fußbank bringen? Ach Luce!

Wir haben inzwischen bei den Devilliers Unterschlupf gefunden.

Madame Devilliers war so gütig und gab mir das Töpfchen mit der Schreibtinte. Sie ist ein wenig dickflüssig, aber dafür ist die Feder exakt geschnitten. So kann ich weiter berichten.

Wir waren bei den guten Vernays bis zum Abend geblieben. Als es dunkel wurde, spannte der Sohn, Jean-Baptiste, den Wagen seines Vaters an. Es war ein offener Kastenwagen, in welchem die Vernays ihre Milch zu transportieren pflegten. Mama und ich saßen hinten auf harten Schemeln. Wir konnten uns nirgendwo anlehnen. Nach einigen Stunden Fahrt schmerzten unsere Rücken unerträglich. Papa ließ halten, und Mama stieg nach vorn. Behutsam packte er sie in Decken ein. Dann setzte er sich so zu mir, daß wir unsere Rücken aneinanderlehnen konnten. Er gab mir wieder einen Schluck Rotwein zu trinken. Dazu einen Bissen Brot und Fleisch, was uns die guten Vernays eingepackt hatten.

So fuhren wir durch die Dunkelheit, neben der Loire her, wieder über sie hinweg, durch einen dichten, dunklen Wald. Das Herz tat mir weh, daß wir unsere Heimat, unser geliebtes Frankreich, verlassen mußten! Wir fuhren die ganze Nacht. Morgens, gegen sechs Uhr, kamen wir auf den Hof, in den Jean-Baptiste einheiraten wird. Monsieur Devilliers stand in der Tür. Als er unseren Wagen kommen sah, wandte er sich zurück ins Haus und rief etwas. Seine rundliche Frau und die hübsche Braut von Jean-Baptiste eilten herbei und halfen uns beim Absteigen.

Hier bleiben wir einige Tage. Papa bekommt viel Arbeit, denn im Dorf herrschen die Röteln. Kein Arzt ist weit und breit. Mama und ich helfen Madame Devilliers in Haus,

Hof und Garten. Täglich sind große Mahlzeiten für all die vielen Menschen zu richten. Ich putze große Mengen Karotten, Kohl und Bohnen. Meine Finger werden dunkelbraun. Aber Mama sagt, es sei eine große Ehre, solche Hände zu haben. Keine Arbeit sei eine Schande, was es auch immer sei. Auch Mamas feine Hände werden rot und rauh. Madame Devilliers bereitet ihr eine Salbe dagegen.

Die Devilliers sind strenggläubige Katholiken. Aber kein Wort fällt gegen uns. Das, was sie für uns tun, täten sie gerne und selbstverständlich. Le Bon Dieu im Himmel hat es gesehen. Er wird es ihnen nicht ungelohnt lassen!

Am neunten Tag brachte uns unser Gastgeber weiter. Es regnete in Strömen, als wir eine Nacht lang durch den Fôret d'Orléans fuhren.

»Wir müssen nach Nancy kommen«, sagte Papa. In Nancy lebt seine Cousine Josephine de Villeneuve. Ihr Mann ist Offizier. Mein Herz schlug ängstlich. Wir sollten im Hause eines Offiziers unterkommen? Mußte er nicht verraten, daß er »Hugenots« beherbergte? Mama und Papa hatten ähnliche Befürchtungen. Wir saßen oft stundenlang beisammen, ohne sprechen zu können. Aber beten konnten wir, durften wir! Das kann man immer!

Wenn ich an die Tage und Wochen zurückdenke, ist es eine solche Fülle von Menschen, Gesichtern, Häusern, Zimmern, Dingen, Landschaften, Geräuschen, ja, von Wohl- und anderen Gerüchen, daß man es kaum beschreiben kann. Niemals sahen wir unwillige oder gar böse Gesichter bei denen, die uns hilfreich aufnahmen, beköstigten und weiterversorgten. Bei den Aufenthalten, die wir hatten, tat Papa sein Möglichstes, um bei Mensch und Tier mit seinem ärztlichen Rat und Medizin zu helfen. Wir fuhren ja durch einsame Gegenden, wo kaum ein Arzt lebt oder hinkommt. So konnten wir einen Teil unserer Schulden wieder gutmachen. Ich weiß auch, daß Gottes Hand uns auf unserem schweren Weg ins Ausland führt!

Viele Menschen, die uns helfen, wissen sehr wohl, wem sie da helfen. Aber niemand stellt unnötige Fragen, auch nicht die Soldaten, denen wir ab und zu begegnen. Papas Aussehen ist das eines gelehrten Mannes. Die Leute sagen schon ganz von selber »Monsieur le Docteur« zu ihm. Seine große Ledertasche mit den Instrumenten und der Medizinkasten bildeten die wichtigsten Gegenstände unseres Reisegepäcks. Sie werden immer zuerst auf- oder abgeladen.

In Nancy mußten wir längere Zeit bleiben. Ich glaube, vier Wochen. Vier Wochen, von denen ich nichts weiß, denn ich war todkrank. Wenn ich zur Besinnung kam, sah ich eine hochgewachsene Frau an meinem Bett. Sie hielt ein Glas mit einer roten Flüssigkeit in der Hand. Ihre Hände waren kühl. Es war wohl Tante Josephine. Mamas Stimme drang in meine Fieberträume. »Influenza«, hörte ich Papa sagen. Ich war todmüde. Mal fror ich, mal wollte ich alle Federbetten von mir werfen. Sonst weiß ich nichts mehr. Als wir eines Nachts von Nancy abfuhren, war ich noch so schwach, daß ich in der klapprigen Kutsche sofort einschlief. Ab und zu stieß es entsetzlich. Die Straße, die wir fuhren, mußte sehr holperig sein. Ich erwachte jedesmal. Einmal gab Mama mir etwas zu essen, es schmeckte wie Haferbrei, in Rotwein gekocht. An alles andere erinnere ich mich nicht mehr.

Ich erwachte von irgend etwas Hellem! Es war Morgen. Die Sonne schien mir ins Gesicht. Wir fuhren durch ein großes, steinernes Tor. Es hatte kleine Fensterchen und war ringsherum mit Efeu bewachsen. Mama saß neben mir in einem sehr schäbigen Polster.

»Wo ist Papa?« fragte ich ängstlich.

»Er kutschiert, Kind. Wir haben diesen Wagen und dies Pferd gekauft, um über die Grenze zu kommen. Das Pferd ist alt, die Kutsche schlecht! Mon Dieu! Aber wir sind am Ziel! Gott sei gedankt!«

Es war schrecklich! Wir hielten auf dem gepflasterten Hof vor einem langgestreckten Gebäude. Aus einer Tür kam eine alte, weißhaarige Frau auf uns zu. Papa war vom Wagen gestiegen und öffnete die Tür der alten Kalesche. Sie klemmte und quietschte, so daß es in den Ohren weh tat. Ein hochgewachsener Mann – so stellte ich mir immer die Riesen in den Märchen vor – half Mama behutsam aus dem alten, wackligen Gefährt. Auf französisch sagte er:

»Seid willkommen, meine lieben Freunde!«

Er küßte Mama die Hand und umarmte Papa. Die alte, weißhaarige Frau nahm Mama am Arm und führte sie die Stufen hinauf. Papa belud sich mit seinen Arzttaschen, ein Diener mit den anderen Gepäckstücken – Taschen, Körben und Decken. Der Riese kam an den Kutschenschlag, schaute mich lächelnd an und half mir, auszusteigen. Und ehe ich wußte, was geschah, hatte er mich auf seinen Armen und trug mich ins Haus. Ich genierte mich und wurde ganz rot. Und, o Schreck, man sah meine Füße mit den hohen Schnürstiefelchen, ein Stückchen Strumpf und die Spitze meines Unterkleides! Ich schämte mich entsetzlich!

Der Riese sah es anscheinend nicht – er war wohl sehr gut erzogen! Er sprach auf mich ein. Es war eine harte, fremde Sprache. Müde und erschöpft schloß ich die Augen. Er sagte etwas von »Gudensberg«, ach ja, so hieß das Gut, wo dieser Freund von Papa, wie hieß er doch gleich, wohnte. Ich kam nicht darauf. Sanft legte mich der Riese auf ein Lager, und ich hörte, daß er »pauvre petite« sagte. Ich hörte noch Papas Worte von »Grenze«, und »gut herübergekommen«. Und Mamas Stoßseufzer: »Gott sei Lob und Dank!« Wieder die Stimme des Riesen – war es deutsch oder französisch? »Alle Angst – alle Not ist vorbei! Ihr seid geborgen!«

»Ihr seid geborgen! – Ihr seid geborgen! – Ihr seid geborgen!« Ich muß es wohl immerfort gesagt haben. Denn Papas zitternde Hände flößten mir etwas sehr Bitteres und Scharfes ein. Dann fiel ich in ein dunkles, tiefes Loch! Ich war wieder krank. »Rückfall« heißt diese Krankheit hierzulande!

Ich schlief immerzu. Einmal kämmte mir Mama mein Haar aus. Im Kamm blieben riesige Mengen schwarzen Haares! Aber wenn man so krank, so elend ist, vergeht einem alle Eitelkeit! Es war mir so egal. Alle Glieder taten mir weh. Ich fiel immer wieder in die Kissen zurück.

Ich kann schon etwas aufstehen. Täglich fühle ich mich besser. Alle sind so schrecklich gut zu mir. Herr von Schreuffa, so heißt mein Riese, sagte heute morgen zu mir:

»Anne-Catherine, es regnet! Heute müssen Sie wieder in Ihr Tagebuch schreiben!« Dabei schob er mir ein Tischchen heran und brachte mir einige herrlich zubereitete Federn. Sein Diener Carl brachte ein Kristallglas mit guter Schreibtinte, und ich bedankte mich.

Mein Riese lächelte mich an, als ich mein Tagebuch aufschlug. Ich dachte, was er doch für gute blaue Augen hat! Wie alt mochte er wohl sein? Ich wagte aus Scheu nicht, meine Eltern danach zu fragen! Ich schreibe also brav in mein Tagebuch, was wir in Nancy und auf der Reise bis nach »Gudensberg« erlebt haben!

In meines Riesen Haus riecht es nach Leder, nach Pfeife und Tabak, nach Hunden und Pferden, aber auch nach Äpfeln und Quitten, die irgendwo lagern. Die alte weißhaarige Dame ist Muhme Christiane. Sie hat mich gefüttert wie ein Kind und mich die ersten deutschen Worte gelehrt. Sie ist in ihrer Art so gut wie Luce, wenn auch nicht so umfangreich!

Ich bin wieder ganz gesund und kann den ganzen Tag auf sein. Als ich zum ersten Mal zum gemeinsamen Frühstück erschien, freuten sich alle Hausbewohner, und ich natürlich auch. Herr von Schreuffa las vor dem Frühstück ein Kapitel aus der Bibel vor. Er las langsam und in deutscher Sprache. Ich sah ihn fragend an, und er sagte auf französisch: Es ist der 23. Psalm.

»Mein Lieblingspsalm«, sagte ich. Ich sprach ihn leise mit. Dann frühstückten wir miteinander. Es gab Milchsuppe, dunkles Brot und kaltes Fleisch. Wenn ich das täglich esse, werde ich wohl bald so dick wie Luce sein! Bei den Mahlzeiten steht auf dem weißgedeckten Tisch viel altes Zinn- und Silbergerät. Zu Hause aßen wir von Porzellan. Ich könnte das goldene Ornament noch zeichnen, mit dem es verziert war.

Hier ist überhaupt vieles anders als in Frankreich. Aber Herr von Schreuffa, Johann-Jost heißt er, und seine alte Muhme Christiane tun alles, um es uns heimisch zu machen. Täglich lernt man neue Wörter. Es ist oft ein drolliges Wortgemisch aus Französisch und Deutsch. Das gibt viel Anlaß zum Lachen. Ich mag gern, wenn mein Riese lacht. Mama und Papa danken Herrn von Schreuffa immer wieder für dies wirkliche Zuhause, für die Geborgenheit und Güte, die wir hier genießen dürfen! Mein Riese sagte darauf einmal – er blickte mich dabei an:

»Ich hoffe – ich hoffe zu Gott, daß Sie hier wirklich zu Hause sind!«

Mama erzählte mir, daß mein Riese Witwer ist. Sie waren nur zwei Jahre verheiratet. Seine Frau starb bei der Geburt ihres Sohnes. Das Kind war nicht lebensfähig. Daß es sowas gibt! Warum hat Gott diesem gütigen Menschen so viel Leid geschickt? Das ist mir unbegreiflich! Es scheint doch nicht nur Freude und Glück zu sein, wenn man einem Kind das Leben schenkt! Daß Mütter so leiden müssen, macht mich ganz traurig. Wie schrecklich, wenn das Kind bei der Geburt stirbt! Dann ist ja all der Schmerz, all das Leiden umsonst! Welch ein Preis!

Heute sah ich das Bild Frau von Schreuffas. Sie war eine geborene von Solms-Rödelsheim. Am Rahmen des Bildes waren die Wappen beider Häuser angebracht. Juliane war wunderschön! Zart wie eine Elfe. Ihr kleines, schmales Gesicht wurde von den riesengroßen Augen beherrscht. Wunderbare Augen. Sie folgen einem, wohin man in diesem Raum auch geht.

Es ist die Bibliothek. Regale stehen an allen Wänden, bis oben hin voll von Büchern, darunter alten Folianten. Hier pflegt Herr von Schreuffa zu arbeiten. Ein riesiger geschnitzter Schreibtisch steht dort mit einem passenden Sessel.

Mama, Herr von Schreuffa und ich standen lange vor dem Bild still. Endlich sagte ich:

»Welch ein wundervoller Engel muß sie nun sein!«

Herr von Schreuffa sah mich an. »Das Schönste an ihr war ihr Herz, Anne-Catherine«, sagte er.

Papa ist sehr beschäftigt. Ich sehe ihn nur noch zu den Mahlzeiten. Er sieht so müde aus. Herr von Schreuffa hat ihm im Untergeschoß des Hauses zwei Zimmer herrichten und mit einem Eingang versehen lassen. Dorthin kommen die Kranken vom Gut, aus dem Dorf und aus der weiteren Umgebung. Papa lernt fleißig die deutsche Sprache. Herr von Schreuffa spricht ein sehr gutes Französisch. Er hat in Genf studiert. Dort haben Papa und er sich kennengelernt und befreundet. Als ich Papa fragte, ob Herr von Schreuffa so alt sei wie er, sagte Papa: »Er ist 40 Jahre alt.« Das weiß ich also jetzt. So ist er 23 Jahre älter als ich!

Wenn ich in den Spiegel schaue, erschrecke ich, so bleich bin ich! In Frankreich hatte ich runde, rote Backen. Luce nannte mich ihr Äpfelchen. Als ich krank war und fieberte, habe ich oft nach ihr gerufen und von Maurice und Marguerite gesprochen. Mir ist, als läge diese Zeit um viele Jahre hinter mir! Nichts können wir mehr von einander hören. Nur aneinander denken und für einander beten!

An meiner Hand sitzt noch der kleine, goldene Ring, den Maurice mir zum 15. Geburtstag schenkte. Ach Maurice, du wirst nun doch eine andere Frau heiraten! Außerdem bin ich Calvinistin, und du bist katholisch! Es wäre wohl niemals etwas daraus geworden. Lebt wohl, ihr lieben Gefährten meiner Jugend!

Abends sitzen Herr von Schreuffa und Papa immer in der Bibliothek. Sie sprechen über das Gut, die Kranken und die politische Lage. Mama beteiligt sich oftmals daran. Sie bessert mit ihren feinen Fingern Wäschestücke aus. Ich helfe ihr dabei. Manchmal spielt sie auch auf dem Spinett, und ich singe dazu. Dann stützt mein Riese sein Haupt in die Hand und schließt die Augen. Ich kann nicht sehr gut singen. Und nur die kleinen, französischen Liedchen. Aber es scheint ihn zu freuen. Er sagt hinterher immer: »Danke Madame! Danke, kleine Anne-Catherine!«

Muhme Christiane freut sich über unsere Hilfe im Haus. Sie ist doch schon recht alt. Beim Treppensteigen schnauft sie und muß ab und zu stehen bleiben. Ich hab ja flinke Beine und laufe gerne für sie, jetzt, wo ich wieder gesund bin. Und sie hat gesagt, Jost sieht schon viel besser aus. Es tut ihm gut, uns da zu haben. Ach, und wir sind ja auch so gerne hier!

Wenn das Wetter gut ist, gehen wir im Park spazieren. Don, unser Hund, stöbert überall herum. Schloß und Park sind groß und weitläufig. Man kann sich in beiden verirren. Durch ein zweites Tor gelangt man vom Park aus auf den Gutshof mit den Stallungen. Dort bin ich auch oft. Man muß über diesen Hof, wenn man zum Gemüsegarten geht. Dort hole ich jeden Morgen die Kräuter, die wir in der Küche brauchen. Es hat noch nicht gefroren, so kann man sie noch verwenden.

Ich darf Papa nicht zu nahe kommen! Sobald er mich sieht, ruft er: »Bleib da, Anne-Catherine!« Im Dorf herrscht eine Bräune-Epidemie. Papa hat viel Arbeit, Lauferei und Sorgen! Herr von Schreuffa ließ aus Kassel noch einen Arzt holen. Er brachte eine Menge Medikamente mit. Papa und Medicus Kramer wechseln sich ab. Wir sind alle sehr niedergedrückt. Es starben schon einige Kinder. Muhme Christiane wand die kleinen Kränze aus Tannengrün und schmückte sie mit weißen Papierrosen, die ich drehte. An den Kränzen zählen wir die Kindergräber. Ich denke an das, was in Frankreich zurückblieb! Mama weint jedesmal, wenn sie uns wieder solch einen Kranz binden sieht! Papa kam heute Mittag todmüde zurück. Die ganze

Nacht war er nicht aus den Kleidern gekommen. Mama sagt, er fror entsetzlich. Sie bereitete ihm einige Gläser heißen Rotwein. Essen konnte er nicht! Mama ist voller Sorge. Gott schütze unseren lieben Papa!

Es ist kalt geworden! Der Wind pfeift durch die Ritzen der Fenster. Ich sitze mit dem Rücken an den hohen, grünen Kachelofen gelehnt. Auf meinen Füßen liegt warm und schlafend Don. Muhme Christiane sitzt in ihrem Sessel und strickt. Ich habe ein Tischchen vor mir und schreibe. Im Ofen knacken die dicken Holzscheite. Muhme Christiane flüstert vor sich hin. Sie zählt die Maschen. Ich erinnere mich an all die Socken aus weißer und grauer Schafwolle, die ich für unsere Flüchtlinge strickte.

In diesem kleinen Wohnzimmerchen ist es recht behaglich. Hier steht das Spinnrad mit der dicken Flachsdocke oben drauf. Und eine herrliche alte Truhe mit Messingbeschlägen. In der Ecke steht ein Schrank. In seine Türen sind biblische Motive geschnitzt: Auf der einen Seite Maria und Martha, auf der anderen Seite die Jünger von Emmaus. Der Schrank ist vom Alter fast schwarz. Muhme Christiane öffnete mir einmal die Türen. Drin stehen auf dunklen Eichenborten silberne und goldene Tauf- und Abendmahlsgeräte.

Eben kam Besuch. Der Freibauer Johann Peter Michael und seine Frau Ferdinande. Sie ist eine geborene Rieder, die Tochter eines aus dem Kanton Bern geflüchteten Müllers. Dem alten Melchior Rieder gehört die Mühle im Tal. Michaels haben einen begabten Sohn. Er hat im Frühjahr geheiratet. Die Michaels kommen gelegentlich zu Besuch nach »Gudensberg«.

Papa hat sich erkältet. Er hustet und liegt zu Bett. Mama und ich kochen Tee und rühren Honig hinein. Nachts höre ich das schreckliche Husten bis in mein Schlafzimmer. Medicus Kramer schaut nach ihm!

Papa ist kränker, als wir zuerst glaubten! Mama fürchtet, er hat sich im Dorf angesteckt. Wenn Gott das doch verhüten möchte. Aber wir beten doch täglich: Dein Wille geschehe! Ob Gott weiß, wie arm wir ohne unseren geliebten Papa sind? Mama und ich?

Der Medicus Kramer hat es nun bestätigt! Papa hat die Bräune! Wir sind wie erstarrt vor Angst und Grauen! Letzte Nacht hat Herr von Schreuffa am Bette meines Papas gewacht. Mama kann das nicht aushalten. Sie muß notwendig schlafen! Damit sie nicht auch noch krank wird. Und ich darf nicht hinein!

Ich habe diese Nacht nicht geschlafen! Ich stand in dem langen Gang oben, in den alle Schlafzimmertüren münden. Ich hatte mir eine dicke neue Kerze in einen der hohen Silberleuchter gesteckt. Er stand auf der geschnitzten Truhe neben Papas Tür. Ich lehnte am Fenster und sah in die kalte, dunkle Nacht. Da ging hinter mir die Türe auf, und Herr von Schreuffa kam heraus.

»Wie geht es Papa?« flüsterte ich.

»Beten Sie, Anne-Catherine, daß Gott ihm beistehe! Er leidet große Not!«

Als ich in Tränen ausbrach und die Hände rang, sagte er wieder leise: »Pauvre petite!« Er wandte sich und klopfte an Mamas Türe. Sie kam so rasch heraus, als habe sie nicht geschlafen. Sie war völlig angekleidet und sah entsetzlich bleich aus. Ich ging zu ihr, und wir umarmten einander, so fest wir konnten. Sprechen konnten wir nicht! Herr von Schreuffa geleitete sie in Papas Zimmer. Carl kam die Treppe herauf mit einer Karaffe heißen Wassers, Muhme Christiane hinter ihm drein mit einem Tablett voller Dosen, sicherlich Arzneien. Es roch scharf nach Kräutern.

»Geh zu Bett, Anne-Catherine!« sagte sie. »Hier in dem kalten Gang kannst du deinem armen Vater nichts nützen, wirst höchstens auch noch krank!«

Da ging ich bangen Herzens, einen letzten Blick auf die Türe werfend, hinter der Papa Qualen litt. Und ich durfte nicht zu ihm!

Alles dies schreibe ich, damit ich es später lesen kann! Daß ich dann vielleicht verstehe, warum Gott meinen Papa so schrecklich krank werden ließ!

Vor zehn Tagen starb Papa! Vor einer Woche wurde er auf dem Friedhof in der Gruft der Familie von Schreuffa beigesetzt! Ich kann nicht schildern, wie mir zumute war. Wie Mama litt und noch leidet! Herr von Schreuffa sagte uns, Papa sei ihm wie ein Bruder gewesen, und er wünsche, daß er in der Gruft der Familie beigesetzt würde. Er ist ein wahrer Edelmann! Er hat laut: »Pierre! Pierre!« gerufen, als er den mit dem Tode kämpfenden Papa in seinen Armen hielt. Und zuletzt, als er Papas Haupt in Mamas Arme legte – Papa konnte schon nicht mehr sprechen –, da kam es leise, fast zärtlich von den Lippen des Freundes: »Pierre – hab Dank!« Ich durfte nur in der Türe stehen – es war entsetzlich!

Pfarrer Markloff sprach über den Text, den sich Mama für Papas Beisetzung gewünscht hatte: »Ich lebe – und ihr sollt auch leben!«

Zur Beisetzung kamen viele Leute vom Gut und aus dem Dorf. Auch sie hatten Papa geliebt und verehrt! Es tat uns so wohl. Dann war noch eine Cousine von Herrn von Schreuffa da, die Gräfin Ahldegg mit ihrem Mann und zwei

Söhnen. Der ältere heißt Adelbert-Victor, der jüngere Wolrad-Adelbert. Dieser hat mich während der Ansprache des Pfarrers unentwegt angesehen. Er ist groß und breit, dunkel im Typ. Mit seiner hohen schwarzen Pelzmütze auf dem Kopf überragte er alle Anwesenden.

Muhme Christiane hatte mir schon von den Ahldeggs erzählt. Auch daß Wolrad längere Zeit in Rußland gewesen ist. Sie haben dort noch ein Gut, das er einmal erben wird. Die Gräfin ist so Ende fünfzig, der Graf Mitte sechzig. Ein vornehmes, schönes altes Ehepaar.

Mama war sehr tapfer und gefaßt, solange die Besucher da waren. Nachher sank sie zusammen. Muhme Christiane und ich brachten sie zu Bett, und ich gab ihr etwas von Papas Arzneien, damit sie ruhig wird und schlafen kann. Wie bin ich dankbar, daß ich Mama noch habe und für sie sorgen darf!

Heute ist Sonntag. Es hat geschneit. Wir fuhren im Schlitten zur Kirche. Die Glöckchen am Geschirr der Pferde klingelten, als wir in leichtem Trab durch den Wald fuhren. Von den Bäumen stäubte der Schnee. Die Sonne schien. Es war eine klare, gesunde Luft. Und mit dem Frost war auch die Seuche im Dorf erloschen. Wie dankbar sind wir alle! Medicus Kramer ist abgefahren.

In der hübschen alten Kirche saßen wir im Gestühl der von Schreuffas, auf den dunklen, schlichten Bänken mit dem grünen Polster. Im Gestühl der Ahldeggs sah ich die ganze Familie versammelt. Adelberts junge Frau saß neben ihm. Sie trug einen flaschengrünen Umhang mit Biberpelz und eine Kappe aus dem gleichen Material. Sie ist hellblond und hat kornblumenblaue Augen. Sie sah mich an und nickte mir unmerklich zu.

Die junge Gräfin heißt Mathilda. Sie ist eine geborene

Gräfin Erbach. Sie bot mir gleich das Du an. Wir wollen in dem langen Winter miteinander französische Konversation treiben. Das Deutsche fällt mir immer noch sehr schwer.

Wolrad sah mich wieder mit seinen dunklen Augen an. Sie sehen so wild aus!

Ich kann herrlich schlafen, zehn Stunden und mehr. Mama dagegen schläft anscheinend nicht gut. Sie sieht so übernächtigt aus. Sie macht mir Sorgen! Sie ißt wie ein Vögelchen. Wenn sie nur nicht krank wird. Ich ängstige mich und sagte es ihr. Sie zog mich in ihre Arme und weinte.

»Ich kann ohne Papa nicht sein, Anne-Catherine!«

»Mama!« schrie ich, »verlaß mich nicht!«

»Meine kleine Anne-Catherine, Gott wird dir eine neue Heimat schenken. Ich werde nicht mehr lange leben. Das weiß ich gewiß!«

Nachher kniete ich weinend vor meinem Bett und betete, daß Gott mir meine Mama nicht nehmen möge!

Mama bleibt oft liegen. Ich sitze meistens an ihrem Bett und lese ihr aus der Bibel vor. Das tröstet uns alle beide. Herr von Schreuffa kommt nach ihr sehen. Immer hat er etwas Gutes für Mama, was er ihr bringt: Trauben aus dem Gewächshaus, einen guten Wein, ein hübsches Buch mit Bildern. Ab und zu sieht er mich so eigentümlich an. Einmal schickte mich Mama hinaus! Haben sie Geheimnisse? Geht es da um mich? Als ich heute an dem großen Fenster stand und die verschneite Landschaft des Parkes zeichnete, trat Herr von Schreuffa zu mir.

»Ihrer Mama geht es etwas besser, Anne-Catherine«, sagte er froh.

Da legte ich das Papier aus der Hand und sagte: »Nun

kann ich frohen Herzens an die Weihnachtsbäckerei gehen.«

Er nahm meine Zeichnung. »Meine verstorbene Frau hat auch gemalt, auf dem Boden müssen ihre Utensilien noch stehen. Carl kann danach sehen. Sie können sie benutzen!«

»Oh, vielen Dank«, stammelte ich. »Sie sind so gut zu mir!« Er zeigte mir einige gerahmte Skizzen, die sie gemalt hatte.

»Warum nimmt Gott all die guten Menschen von uns?« fragte ich meinen Riesen.

»Wir wissen es jetzt noch nicht, Anne-Catherine, aber einmal werden wir es wissen!« Er wandte sich ab und stieg die Treppe hinab.

Ich sah ihm versonnen nach. Warum er wohl nicht wieder geheiratet hat? Ich will Mama danach fragen.

Gestern und heute haben wir gebacken! Der große Tisch in der Küche eignet sich gut dazu. Es roch nach Honig und Gewürzen. Caroline, die Köchin, glühte wie der Ofen, aber mir war auch sehr warm. Wir formten den Teig und füllten die Bleche, die die Küchenmädchen in den Herd schoben. Zum Brotbacken haben wir ein Backhaus. Einmal schaute Herr von Schreuffa zur Küche herein. Die Mädchen kicherten. Er lachte, als er unsere mehligen Gesichter sah. Ich überreichte ihm mit einem tiefen Knicks auf einem Teller den ersten Lebkuchen!

»Das ist hier so Sitte«, sagte Caroline breit und klatschte mit Wucht den Teig auf den Tisch. Die Augen meines Riesen waren heute so jung und froh. Er sah mich so eigentümlich an. Mir wurde plötzlich heiß; ich drehte mich zum Tisch um und formte neue Kringel.

Als wir mit der Arbeit aufhörten, ging ich nach oben,

um mich zu säubern und umzuziehen. In der Halle stand der Hausherr, einen Brief in der Hand.

»Ach, Anne-Catherine, Gräfin Ahldegg bittet uns am 1. Weihnachtstag zu Tisch. Glauben Sie, daß Ihre Mama mit nach Reinhardsbrunn fahren kann?«

»Ich hoffe doch, daß sie sich bis dahin erholt hat«, sagte ich, »es sind ja noch sechs Tage.«

Als ich Mama fragte, sahen mich ihre großen Augen in dem kleingewordenen Gesichtchen so merkwürdig an. Sie lächelte eigentümlich und sagte: »Weihnachten – ach, wer weiß, was dann sein wird! Am liebsten bliebe ich hier, mit dir, Muhme Christiane und mit Herrn von Schreuffa.«

»Ich auch, Mama«, flüsterte ich, denn plötzlich fürchtete ich mich wieder vor Wolrads Augen!

Nein, backen helfen kann ich nicht wieder. Mama liegt fiebernd zu Bett, und ich pflege sie. Herr von Schreuffa ließ Medicus Kramer aus Kassel holen. Der alte Herr mit seinem gepflegten weißen Bart untersuchte Mama gründlich. Nachher sagte er zu mir in französischer Sprache:

»Ihre Mama leidet an einer Herzschwäche. Dazu kommt eine Influenza. Wir wollen hoffen, daß die Lungen nicht angegriffen werden.« Er legte mir die Hand auf die Schulter. »Ihre Mama kann den Tod ihres Mannes nicht überwinden. Sie war mit ihrem Gatten so eins, daß sie, wenn er stirbt, allmählich auslöscht, wie ein Licht! – Ich werde mein Möglichstes tun.« Dann gab er mir Medikamente und sagte mir, was alles zu tun sei.

Mein Riese stand die ganze Zeit dabei – es war tröstlich für mich! Wir brachten Medicus Kramer die Treppe hinunter und geleiteten ihn zu seinem Schlitten. Als mein Riese und ich wieder hinauf zu Mama gingen, legte er seinen Arm um meine Schultern. Mir liefen die Tränen über die Wangen.

»Soll ich nun auch noch meine Mama verlieren?«

Herr von Schreuffa sagte nichts. Vor Mamas Türe aber sagte er leise zu mir: »Seien Sie ruhig, Anne-Catherine, ohne Gottes Willen geschieht nichts!«

»Ich weiß es«, antwortete ich.

»Damit besitzen Sie das höchste Gut! Darum tragen Sie, was ER Ihnen auferlegt! Ich will es Ihnen tragen helfen! Was auch immer geschehen mag, Ihre Heimat ist in meinem Hause!«

Ich schluckte und nickte, sprechen konnte ich nicht! Er reichte mir sein Taschentuch.

»Wischen Sie Ihre Augen aus, und zeigen Sie Ihrer Mama ein zuversichtliches Gesicht!«

Dann gingen wir zu Mama hinein. Sein Arm lag immer noch um meine Schulter. Mama sah uns mit großen Augen entgegen. Ich küßte ihre Stirn und Hand. Ach, Mama! Meine Tränen strömten aufs Neue.

»Ich möchte mit Ihnen sprechen, Madame Reccard«, hörte ich Herrn von Schreuffa sagen. Es klang so feierlich. Sie schickten mich zu Muhme Christiane. Ich sollte ihr helfen, die vielen Pakete für die Armen des Dorfes zu packen. Und das tat ich. Aber während wir die Kleidungsstücke falteten und bündelten, dachte ich fortwährend an das, was Herr von Schreuffa wohl mit meiner Mama zu besprechen hatte! Ob sie es mir sagen wird?

Heute morgen kam ich gerade in die Halle, als sich alle Bediensteten des Hauses dort versammelt hatten. Herr von Schreuffa rief mir entgegen:

»Anne-Catherine, schnell, kommen Sie! Das müssen Sie

erleben! Es ist Sitte, daß die große Tanne zum Christfest von allen Hausbewohnern begrüßt wird – wie ein lieber Gast!«

Ich sah durch die hohen Fenster. Draußen stand der Schlitten des Försters. Eine riesige Tanne wurde gerade abgeladen. Don und die Hunde des Försters umsprangen kläffend die Männer, die den Waldriesen behutsam ins Haus trugen. Carl hatte die großen Türen nach draußen weit geöffnet. Herr von Schreuffa und der Förster setzten den Baum in seinen Ständer. Dann wurden die Bänder gelöst, die die Zweige zusammenhielten. Nun stand er vor uns, herrlich im Wuchs, und in der Wärme sofort seinen kräftigen Duft verbreitend. Herr von Schreuffa goß seinem Förster und den Männern ein Glas Wein ein. Währenddessen gingen die Köchin Caroline und die Mädchen an den Baum heran und bewunderten ihn. Jede strich leise über das grüne Gezweig. Die jungen Mädchen kicherten und tuschelten. Elise wandte sich zu mir.

»Mademoiselle müssen auch einen Zweig streicheln – das bringt Glück!«

Lächelnd tat ich es. Dann gingen alle an ihre Arbeit. Auch ich wollte mich entfernen.

»Halt!« rief da mein Riese. »Anne-Catherine, Sie müssen noch hierbleiben und helfen. Warten Sie, ich schicke Muhme Christiane zu Ihrer Mama. Denn dies dürfen Sie nicht versäumen!«

Als der Förster und seine Männer hinaus waren und Don, der so närrisch herumsprang, in einen Nebenraum gesperrt war, brachten Carl und der Kutscher Heinrich ein merkwürdiges Gebilde aus Holz. Da hinein kamen einige Eimer Sand und darauf eine Schicht Moos. Mein Riese kniete davor wie ein eifriger Junge. Dann brachten Carl und Heinrich eine schwere Kiste, die sie behutsam abstellten und öffneten. Ich schrie auf vor Entzücken: Behutsam schälte sich aus weichem Papier und Heu eine Figur nach der anderen: Maria und Josef, das Kind in der Krippe, Hirten und Schäfchen, die heiligen drei Könige mit einem Kamel, Öchschen und Eselchen und einige Engel. Jetzt war ich genau so eifrig wie mein Riese. Meine Wangen glühten vor Begeisterung! Daß ich helfen durfte!

Carl brachte mir Stroh. Wir bauten einen Stall. Das Stroh kam auf das Dach. Es fand sich ein Stern, der oben befestigt werden konnte. Ein Schäfchen hatte ein Bein gebrochen. Wir leimten es fürsorglich, und bald stand es bei den anderen Schäfchen, von den Hirten gehütet. Ich formte den feuchten Sand ein wenig hügelig, packte das Moos anders, ließ einen Weg zum Stall hinführen. Herr von Schreuffa ließ mich gewähren und sah mir zu. »Eine Frau kann das doch besser«, meinte er.

Aber das Ganze kam mir noch ein wenig kahl vor. Ich stand auf und sah mir mein Werk an. Dann sah ich den herrlichen Baum. Seine Zweige gingen bis zum Boden. Carl und Heinrich schoben ihn vorsichtig bis an die Krippe heran, so daß ein Zweig beschützend über dem Stall ruhte.

»So muß es bleiben«, sagte Herr von Schreuffa.

Dann kamen die Mädchen und bewunderten die Krippe.

»So schön war sie noch nie, seit die Herrin starb«, sagte Elisa. Und dann säuberten sie die Halle.

Ich ging zu Mama und berichtete ihr vom Baum und der Krippe. Sie bekam bei meiner Schilderung rosige Wangen und lächelte.

»Ich möchte es zu gerne sehen«, sagte sie.

Ich versprach es ihr, es mußte irgendwie möglich gemacht werden!

Heiligabend! Ich bin Braut! Die Braut meines Riesen! Ich muß jetzt Jost zu ihm sagen. Ich bin schrecklich aufgeregt! Ich kann es noch gar nicht verstehen! Jetzt weiß ich, was Mama und Herr von Schreuffa, nein – Jost, kürzlich zusammen besprochen haben. Ich soll für immer hierbleiben. Soll eine richtige Heimat haben und seine Frau sein! Aber ich will alles der Reihe nach erzählen! Mir ist der Kopf ganz wirr.

Die Bescherung der Hofleute fand in der großen Halle statt. Am Baum brannten Honigkerzen. Ihr süßer Duft mischte sich mit dem Duft der Tanne. Wir haben alle zusammen gesungen, und Jost hat die Weihnachtsgeschichte vorgelesen. Mama saß, in Decken gehüllt, in einem bequemen Lehnstuhl mit vielen Kissen. Wie klein ist sie geworden! Sie sah immerfort auf den Baum und die Krippe. Ich wußte, sie dachte an Papa! Und als Jost zu ihr trat, und ihr die Hand küßte, sagte er: »Unser Freund Pierre ist bei uns.«

Mama legte nur still ihre Hand auf sein gesenktes Haupt. Wir sprachen alle gemeinsam das Vaterunser. Dann half ich Muhme Christiane, die Geschenke zu verteilen. Es war eine große Freude. Viele gute Dankesworte klangen auf. Dann gingen die Leute zurück in ihre Häuser, um dort weiter zu feiern. Als wir allein waren, rief Mama mich zu sich.

»Anne-Catherine, Herr von Schreuffa hat eine Bitte an dich!«

Fragend sah ich zu ihm hin. Er kam auf mich zu und ergriff meine Hände.

»Ich bitte Sie, Anne-Catherine, meine Frau zu werden!

Ihre Mama wünscht es ebenso wie ich und wie auch Ihr Papa es gewünscht hätte!«

Um mich kreiste alles! Die Spiegel, Kommoden, Schränke, Truhen, Konsolen, Tische und Stühle, der Baum, die Krippe! Ich konnte kein Wort über meine Lippen bringen!

»Du sagst nichts?« fragte Mama, ein wenig schelmisch lächelnd. »Ich glaubte doch zu wissen, wie es in dir aussieht, mein Kind!«

Ich wurde ganz rot. Und alles fiel mir wieder ein. Wie wir nach der Flucht hier ankamen und aufgenommen wurden. Was alles für Papa getan wurde, daß er wieder praktizieren konnte. Was während seiner Krankheit und auch nach seinem Tode alles getan wurde. Ich dachte an Muhme Christiane, an dies herrliche alte Haus, das ich von ganzem Herzen liebte, und dachte an meinen Riesen! War er nicht Vater und Bruder zugleich?

Aber muß nicht für eine Ehe noch mehr da sein? So wie bei Papa und Mama? Wie hatte doch Medicus Kramer gesagt: »Sie gehört zu den Frauen, die mit ihrem Gatten so sehr eins sind, daß sie auslöschen, wie ein Licht, wenn er stirbt!« Würde ich für meinen Riesen auch so auslöschen, wenn er stürbe?

Ich blickte zu ihm auf und sah ihn an. Dann kam alles wie von selbst aus meinem Herzen!

»Ja, ich will Ihre Frau werden, Herr von Schreuffa! Eine gute Frau will ich Ihnen werden, so wahr mir Gott helfe!« Dann gab er mir einen Kuß! Es war ein wundersames Gefühl! Man kann es nicht beschreiben! Dann umarmte ich Mama, die mich innig küßte, und Muhme Christiane. Ihr liefen die Tränen über das faltige Gesicht. Sie sagte immer wieder: »Daß ich das noch erleben darf! Welch ein Freudentag!«

Jost griff in seine Tasche und holte ein kleines Etui hervor. Als er es öffnete, glitzerte es von Gold und Edelsteinen.

»Oh«, sagte ich entzückt.

Seine feste, schlanke braune Hand streifte mir den Ring über. Dann küßte er meine Hand mit dem Ring.

Ich stammelte einen Dank.

»Es ist der Ring meiner Mutter, Anne-Catherine. Sie bekam ihn zur Verlobung von meinem Papa.«

Immer wieder mußte ich den Ring betrachten. Er ist wunderschön. Frau von Broie, Maurice und Marguerites Mama, trug viele solcher Ringe. Auch Nadeln, Broschen und Ketten, Anhänger, Armbänder und silberne gestickte Täschchen. Ob ich als Frau von Schreuffa auch solche Schmuckstücke tragen würde?

»Gefällt er dir«, fragte mein Riese lächelnd.

»Oh, er ist viel zu schade für mich!«

»Aber nein, Anne-Catherine!«

Ich legte schüchtern meine Hand auf seinen Arm.

Er legte die Seine darüber und hielt sie warm und fest.

»Ich will so werden wie Mama – aber ich weiß von allem nur sehr wenig, Sie – du mußt Geduld mit mir haben!« sagte ich.

Er legte seinen Arm um meine Schultern. »Du machst mich sehr glücklich, petite!« Er sagte es so warm und zärtlich, wie Papa mit Mutter sprach.

Und nun bin ich seine Braut!

Das neue Jahr ist da! Ich heiße Frau von Schreuffa – und meine geliebte Mama ist tot! Sie starb mit den Worten: »Herr, in deine Hände befehle ich meinen Geist!«

Ich lag auf den Knien vor ihrem Bett, unfähig zu weinen, unfähig zu reden! Jost kniete neben mir und hielt mich fest umschlungen!

Heute vormittag um elf Uhr wurden wir von Pfarrer Markloff getraut und in das Kirchenregister eingetragen. Graf Ahldegg, seine Frau, Johann-Peter Michael und seine Frau und Muhme Christiane waren zugegen. Anschließend feierten wir miteinander das heilige Abendmahl.

Alle wußten, daß Mama im Sterben lag und daß sie den kommenden Tag nicht überleben würde. Ich hatte mir als Trautext den 23. Psalm gewünscht. Als der Pfarrer die Stelle las: »Und ob ich schon wanderte im finsteren Tal, fürchte ich kein Unglück, denn du bist bei mir, dein Stecken und Stab trösten mich!«, ging ich wiederum durch ein finsteres Tal! Wie auf der Flucht! Wie bei Papas Tod! Wie jetzt, wo Mama mich auch verlassen würde. Und doch schenkte mir Gott meinen Jost, daß er mir gerade jetzt Halt und Stab würde!

Die Stunden nach unserer Eheschließung wären zu trostlos gewesen, wäre Jost nicht an meiner Seite gewesen. Mama starb in Frieden, und in dem Bewußtsein, daß ich geborgen war – geborgen bei Jost!

Jetzt ist sie wieder mit Papa zusammen!

Unser Hochzeitstag – Mamas Sterbetag! Jost saß noch lange mit mir in der Bibliothek zusammen. Er las mir aus den Briefen vor, die Papa in jungen Jahren an ihn geschrieben hatte. Es rührte mich, daß er alle diese Briefe so sorgsam gehütet und aufbewahrt hat! Ich dankte ihm von ganzem Herzen dafür. Denn sie trösteten mich. Es war Mitternacht, als er mich bis zur Türe meines Zimmers begleitete. Muhme Christiane schlief in diesen Nächten bei mir! Jost denkt doch an alles! Wie gut ist er!

Als wir vor dem Bildnis seiner Frau standen, sagte er zu mir: »Ich habe Juliane sehr lieb gehabt; aber dich, liebes Herz, liebe ich so, daß ich dich nie mehr von mir lassen möchte!«

Ich lehnte meinen Kopf an seinen Arm. »Wo möchte ich lieber sein, als hier bei dir!« antwortete ich. »Ich will mir Mühe geben, eine gute Hausmutter zu werden – aber ohne Mamas Hilfe erscheint mir das doch sehr schwer!«

Heute wurde Mama beigesetzt! Es war ein dunkler Tag. Die Wolken flogen am Himmel wie Fetzen. Ein kalter Wind trieb uns Hagelkörner ins Gesicht. Mamas Sarg stand am letzten Tag in der Halle, mit Kränzen aus Tannengrün geschmückt. Zu ihrem Haupt brannten viele Kerzen. Pfarrer Markloff sprach schlichte und warme Worte. Ich muß sagen, ich habe nicht viel vernommen von allem, weiß nicht, wer alles in der Halle stand. Ich weiß nur, daß Jost mich fest am Arm hielt, eine meiner eiskalten Hände in seiner warmen, guten. Ab und zu sah er mich an und drückte meine Hand. Wir waren in dem Moment einander sehr nahe, und ich versprach in meinem Herzen, hier vor Mamas Sarg, ihm eine liebe und gute Frau zu werden!

Nach der Beisetzung in der Gruft war die Trauergesellschaft im großen Saal versammelt. Der Tisch war mit allem gedeckt, was das Gut zu bieten hatte. Ich war verwundert darüber, wieviel an einem solch traurigen Tage trotzdem gegessen und getrunken wird. Ich konnte keinen Bissen herunterbekommen. Mein Hals war wie zugeschnürt. Muhme Christiane und Frau Michael saßen rechts und links von mir. Mein Mann uns gegenüber. Neben ihm Pfarrer Markloff und Frau von Ahldegg. Viele fremde, unbekannte Menschen saßen an meiner Tafel. Ich hatte vielen

Menschen die Hände geschüttelt. Sie alle kannten Papa, Mama weniger. Aber wie gut sie über meine geliebten Toten sprachen, hat mich tief bewegt! Papas, und auch Mamas Arbeit an Kranken, Alten und Kindern ist nicht ohne Einfluß auf die Menschen hier geblieben, die so verschieden sind von denen meiner alten Heimat. Es sind schlichte, einfache Menschen, aber ihr »ja« ist auch ein »ja«! In einer unvergleichlichen Treue und Anhänglichkeit stehen sie zu Jost und den Schreuffas.

Eine ältere Schwester von Jost, die mit dem gelähmten Freiherrn von Böhler verheiratet ist, hat sich bei uns angemeldet. Sie wird in ein bis zwei Wochen hier eintreffen. Sie will ihre neue Schwägerin kennenlernen. Ich bin sehr neugierig auf Ulrike. Sie ist Ende vierzig, und hat sechs Kinder. Muhme Christiane hat gesagt, wenn Jost keinen Sohn bekommt, wird Ulrikes ältester Sohn Erbe von Gudensberg. Die Muhme spricht oftmals von einem Erben und sieht mich dabei ernst und eindringlich an. Ich scheue mich, mit Jost darüber zu sprechen! Meine Mama hätte noch bei mir bleiben müssen! Ich bin sehr bedrückt!

Gestern abend kam Jost in mein Zimmer. Ich hatte schreiben wollen, das Tagebuch lag geöffnet vor mir. Aber, die Feder in der Hand, sann ich vor mich hin. Als er hereinkam, fragte er: »Schreibst du immer noch in dein Tagebuch, Anne-Catherine?«

»Ja, ich habe mich so sehr daran gewöhnt, alles niederzuschreiben, daß ich es nicht mehr lassen möchte.«

Er sah mich an. »Weißt du, daß du mir das Liebste auf dieser Erde bist? Weißt du es?« Dabei schlang er seine Arme fast heftig um mich. Ich wurde sehr befangen.

»Ich wollte es dir sagen, Liebling, und daß ich

nicht nur dein Gatte, sondern auch dein Freund sein möchte!«

»Ja, das weiß ich, und ich danke dir dafür, Jost!«

»Wenn du irgend etwas auf dem Herzen hast, Anne-Catherine, dann sage es mir. Ich bin immer für dich da, und was es auch immer sei, sage es mir! Versprich es mir!«

»Ja, Jost, ich verspreche es, denn wo könnte ich mit allem hingehen, wenn nicht zu dir – außer zu Gott!«

Da bettete er mein Haupt an sein Herz. Ich hörte es laut schlagen, aber auch das meine. Er küßte mich, wünschte mir eine gute Nacht, und ging hinaus.

Ich konnte lange nicht einschlafen und sann nach. Ich hörte den Wind um das Schloß fegen. In den Bäumen des Parkes knarrten die Äste. Ein Zweig fiel polternd herab. Unter mir, in seinem Zimmer, hörte ich Jost's Schritte, auf und ab, auf und ab, seltsam!

Vorgestern geschah etwas, was mich erschreckte! Ich saß, wie oft jetzt, in dem kleinen Wohnzimmer und versuchte, die Schnitzereien an den Türen des alten Schrankes abzuzeichnen. Plötzlich hörte ich Schellengeklingel und Pferdegetrappel. Ich stand auf und sah aus dem Fenster. Es war der Ahldeggsche Schlitten. Mein Herz fing an zu pochen. Jost war zum Förster in den Wald gegangen und hatte Don mitgenommen. Muhme Christiane war ins Pfarrhaus gegangen. Ich war ganz allein! Carl klopfte an und führte den Gast herein. Es war Wolrad Ahldegg. Er hatte seine hohe Bärenfellmütze auf dem Kopf und einen schwarzen Bärenpelzmantel an. In den Händen trug er große Fausthandschuhe aus Pelz und eine kurze Lederpeitsche. An den Füßen derbe, schwarze Stiefel.

Ich erschrak und fürchtete mich entsetzlich! Noch ehe

Carl die Türe geschlossen hatte, ergriff er meine Hand und küßte sie.

»Ist Jost nicht hier?« Und während er fragte, küßte er meine beiden Hände noch einmal. Ich entzog sie ihm. Was sollte das bedeuten? Wie konnte er das wagen? Seine großen, dunklen Augen sahen mich befehlend an! Dann sagte er zu mir: »Warum haben Sie Jost geheiratet? Wußten Sie nicht, daß ich Sie liebe?« Es kam sehr heftig heraus.

Ich war so erschrocken, daß ich nur »Nein« sagen konnte.

»Wie konnten Sie ihn heiraten! Er ist so viel älter als Sie!«

Da kam der Zorn in mir hoch! »Wie können Sie es wagen, so mit mir zu sprechen!«

Sein Gesicht war qualvoll anzusehen, als er ausrief: »Vergeben Sie mir! Aber ich mußte es Ihnen sagen!«

Ich ging an ihm vorbei und verließ das Zimmer.

In der Halle begegnete mir Jost. Er klopfte den Schnee von seinem Umhang und den Stiefeln. Sein Gesicht war frisch und rot von der Winterluft, und seine Augen leuchteten auf, als er mich sah. Aber dann sah er wohl in meinem weißen Gesicht, daß mir etwas Schreckliches wiederfahren war. Mit wenigen Schritten stand er vor mir:

»Anne-Catherine, mein Herz, was ist dir?«

Ich warf meine Arme um seinen Hals und schluchzte. Sprechen konnte ich kaum. Mein Herz hämmerte bis zum Halse hinauf. Mir war, als müßte es zerspringen. Er wiegte mich in seinen Armen. Wie Luce, dachte ich.

»Sag mir doch, Liebling, was ist denn geschehen?«

»Dein Vetter Ahldegg, Wolrad, ist gekommen, ich will ihn nie, nie mehr sehen!«

Jost führte mich zur Bibliothek und setzte mich behutsam in einen Sessel. Dann küßte er mich auf Stirn und Mund, und strich über mein Haar. Dann ging er hinaus. Ich saß vor dem Bild Julianes, starrte es an und dachte an das, was dieser schreckliche Mann vorhin zu mir gesagt hatte.

Carl kam herein und brachte mir ein Glas heißen Rotwein.

»Danke, Carl, aber ich möchte nichts trinken!«

Fürsorglich reichte er mir auf dem Silbertablett das Glas. »Aber der Herr hat es gewünscht!«

Da nahm ich es und trank es in einem Zug aus, obwohl es mir Zunge und Gaumen verbrannte. Aber es tat gut. Dann räumte Carl im Zimmer herum, obgleich dort gar nichts zu räumen war. Ich hörte schließlich Türen gehen und das Klingeln der Schlittenglocken.

»Herr von Ahldegg ist abgefahren«, sagte Carl und ging hinaus. Ich zitterte vor Aufregung. Ich fror und schwitzte abwechselnd. Und dann stand Jost vor mir, schneeweiß im Gesicht, mit Augen, die ich noch nie an ihm gesehen hatte.

»Hast du ihm gesagt, daß er nie mehr herkommen darf?« fragte ich mit dünner, zittriger Stimme.

Jost nickte. »Aber – Anne-Catherine, er tut mir sehr, sehr leid!«

Ich fuhr auf. »Er tut dir leid?!«

»Ja, mein Herz, denn er hat mir gestanden, daß er dich liebt, und daß er Weihnachten um dich hatte werben wollen.« Jost sah mich an, als müsse er umsinken und sterben.

»Nein!« schrie ich auf. »Nein! Nie hätte er mich zur Frau bekommen! Ich fürchte mich vor ihm! Er ist so wild, und ich habe Angst! Beschütze mich vor diesem Menschen, Jost!«

Ich zitterte am ganzen Körper und klammerte mich an Jost wie ein Ertrinkender. Ich wimmerte und weinte. Jost hielt mich fest umklammert, bis ich ruhiger wurde, und bis Dunkelheit uns in ihre Geborgenheit hüllte!

Letzte Nacht kam Jost zu mir. Ich schrieb noch die Ereignisse des Tages in mein Buch und war erstaunt, als es bei mir klopfte. Jost kam herein, schloß die Türe, und schob den Riegel vor.

Dann setzte er sich mir gegenüber an mein Tischchen. Das Licht stand zwischen uns. Er sprach zu mir über die Ehe – daß wir zwar Mann und Frau – aber es wiederum auch nicht seien. Er habe Mama versprochen, mich zu schonen, weil ich noch so jung sei. Er sprach gut und lieb zu mir. Es wurde mir klar, daß ich einige Dinge, die Mama mir erklärt hatte, gar nicht verstanden hatte!

»Verstehst du, Anne-Catherine, daß ich jetzt nicht mehr warten kann? Und auch nicht will?«

Und dann ergab sich alles ganz natürlich und wie von selbst. Die Ereignisse des Tages hatten uns beide tief erschüttert, und es war mir wieder einmal klar geworden, wie sehr ich bei Jost geborgen war. Ich schenkte mich ihm von ganzem Herzen! Es war unsere Eheschließung. Und jetzt verstehe ich, was es heißt, daß Mann und Frau ein Leib, eine Seele und ein Geist sein sollen!

Wenn doch Mama noch hier wäre! Ich hätte sie so vieles zu fragen. Wäre ich doch besser bekannt mit Frau Michael. Sie hat einen so guten, mütterlichen Blick.

Muhme Christiane kam nachmittags in die Bibliothek. Jost saß an seinem Schreibtisch und arbeitete. Ich saß bei einer Handarbeit. Muhme Christiane meinte zu mir:

»Du kommst ja gar nicht mehr in das kleine Wohnzimmerchen, Anne-Catherine, zum Schreiben, oder Zeichnen?«

Jost sah sie an und entgegnete ernst: »Ich möchte meine kleine Frau immer um mich haben, denn wer weiß, wie lang oder kurz unser Zusammensein bemessen ist!«

Ich erschrak. Ich stand auf, legte meine Handarbeit beiseite und ging zu ihm.

»So etwas darfst du nie wieder sagen, Jost, du erschreckst mich!«

Die Muhme schüttelte mißbilligend den Kopf. »So darfst du wirklich nicht reden, Neffe, sieh Anne-Catherine an, sie ist schneeweiß geworden!« Damit ging sie hinaus.

Ich lehnte mich an ihn. »Jost, du darfst mich nicht auch noch verlassen! Erst Papa – dann Mama! Du darfst nicht davon reden!«

»Mein Herz«, sagte er und drückte mich an sich. »Manchmal befällt mich das Gefühl, mein Glück sei zu groß! Es könne mir genommen werden, bevor ich einen Sohn oder eine Tochter bekäme.«

Ich streichelte seine Wangen und sein Haar. »Ich werde nicht ablassen, Gott zu bitten, uns miteinander alt werden zu lassen. Daß wir Kinder haben und ein Familienleben, wie ich es von früher her kenne. Ich weiß auch schon die Namen für unsere Kinder, soll ich sie dir aufsagen?« Als er lächelnd nickte, sagte ich: »Jost, Uta, Johann-Peter, Juliane, Henriette-Luise und Friedericke!«

Jost meinte neckend: »Und keine Anne-Catherine?« Dann aber ernst: »Wie Gott will, mein Herz!«

»Ja, Jost, wir haben demütig darauf zu warten, was Gott uns an Gnade zuteilt!«

Heute kam aus Kassel eine Kiste. Darin befanden sich zwei schwarze Festkleider, raschelnder Taft mit schwarzer Spitze am Halsausschnitt. Das zweite hatte einen ganz schmalen Rand von dunklem Pelzbesatz an Hals, Ärmeln und Saum, dazu die passenden Unterkleider und ein Umhang. Ich freute mich wie ein Kind beim Anprobieren. Muhme Christiane, die mir behilflich war, freute sich mit mir. Da wir zu den Ahldeggs eingeladen waren, entschied ich mich für das Kleid mit der schwarzen Spitze, es war etwas höher geschlossen. Als Jost hereinkam, drehte ich mich langsam vor ihm im Kreise, dann fiel ich ihm um den Hals. Er legte mir ein Diamantenkreuz um, das an einer langen, goldenen Kette hing. Er befestigte es behutsam und küßte mich auf mein Haar.

»Das gehört dir, mein Herz!«

Mir war ganz heiß vor Freude. Als ich ihm dankte und mich auf die Zehenspitzen hob, um ihn zu küssen, sagte er: »Bereust du auch nicht, daß du meine Frau geworden bist, Anne-Catherine?«

»Aber, Jost, du bist das Liebste und Wertvollste, das ich auf der Welt habe! Gott weiß es!«

Mein Jost und ich sind uns so innig nahe, daß ich mich vor Wolrad und seinen wilden Augen nicht mehr fürchte. Aber bei dem Gedanken, ihn wieder zu sehen, war mir doch nicht recht behaglich. Ich betrachtete Kleid und Schmuck im Spiegel! Fast zu schön!

Zwei Stunden saßen wir bei den Ahldeggs an der Mittagstafel. Wolrad saß mir schräg gegenüber. Er beteiligte sich nicht an der allgemeinen Unterhaltung, sondern zerlegte sorgsam den riesigen Wildschweinbraten. Ohne mich dabei anzusehen, wählte er für meinen Teller ein zartes, saftiges Stück, das der Diener mir brachte. Nachher saßen die Damen im Salon der Gräfin. Sie sagte Anne-Catherine und du zu mir, ich mußte sie Frau Tante nennen. Mathilda und ich sprachen über die Ahnengalerie der Ahldeggs. Sie wollte mir gerne die Bilder zeigen, aber die Frau Tante meinte, es sei dort zu zugig und kalt, Mathilda müsse sich vorsehen.

Ich betrachtete sie, und da fiel mir auf, daß sie gesegneten Leibes ist. In diesem Moment wünschte ich mir brennend ein Kind, einen Sohn für Jost!

Die Männer saßen im Rauchzimmer nebenan. Durch die geöffnete Tür sah man die Qualmwolken und hörte ihre Stimmen. Zu schnell vergingen die Stunden. Jost ließ anspannen, und wir fuhren, in Decken gehüllt, eng aneinandergeschmiegt durch den Winterwald heim. Unsere Hände waren unter den Decken eng verschlungen.

Muhme Christiane war nicht mitgefahren. Sie hatte Zahnweh. Sie kam in die Halle, als sie den Schlitten vorfahren hörte.

»War es schön, Kindchen?« fragte sie.

Ich erzählte ihr und bestellte die Grüße, die mir für sie aufgetragen worden waren. »Aber weißt du, Muhme, hier ist es doch am Schönsten!«

Da küßte sie mich und strich mir über das Haar.

In den nächsten Tagen wird Jost's Schwester eintreffen. Sie wollte schon eher kommen, aber die Wege waren tief verschneit und vereist. So verschob sie es. Ob sie sich über Jost's zweite Ehe freut? Ich erwarte sie mit großer Spannung! Ob sie in mir einen Eindringling sieht, die ihren Sohn um ein solch prächtiges Erbe bringt?

Wir saßen bei Tisch, als sie ankam. Es gab Sauerkohl und Gepökeltes, eine Biersuppe und Äpfel, in der Röhre gebacken. Ulrike aß mit großem Appetit. Besonders lobte sie die Apfelschnitten, die, in Eierkuchenteig getaucht, in Schweineschmalz gebacken und mit Zucker bestreut werden. Das Rezept ist noch von Mama.

Ulrike betrachtete mich sehr eindringlich. Viel zu zart und dünn, hörte ich sie zu Muhme Christiane sagen. Sie selbst ist breit, untersetzt, dunkelhaarig – und sieht gesund und gut aus. Ihre Augen sind blau wie die von Jost. Sie war freundlich zu mir, aber nicht so herzlich, wie ich es mir gewünscht hätte. Stundenlang saß sie nachher mit Jost in der Bibliothek. Ich glaube, es ging um Geld.

Jost sagte abends zu mir: »Sie ist eine tapfere Frau, aber sie hat es schwer! Der kranke Mann, die vielen Kinder, der große Haushalt, Schloß und Gut! Sie plagt sich redlich, kann es aber nicht schaffen!«

»Oh, Jost, können wir ihr denn nicht helfen?«

»Wenn du Opfer zu bringen gewillt bist, Anne-Catherine, und nicht so große Ansprüche stellst für Kleider und Schmuck!«

Ich war sehr betroffen! »Aber Jost, das würde ich doch nie tun – ich will nichts, auch keine Festkleider mehr aus Kassel! Hilf ihr lieber, es ist doch notwendiger!«

Jost nahm mich in die Arme und küßte mich. »Ich wußte es doch – hab Dank Anne-Catherine!«

Jost ist sehr still in diesen Tagen, da Ulrike bei uns ist. Ich war irgendwie erleichtert, als sie wieder abfuhr!

Gestern abend kam mein Mann mit einer kleinen, eisenbeschlagenen Truhe in mein Zimmer. Er stellte sie vor mich hin und öffnete sie mit einem kleinen verzierten Schlüsselchen. In der Truhe lag auf dunkelblauem Samt der Schmuck der Familie von Schreuffa.

»Such dir aus, Anne-Catherine, was du davon haben möchtest«, sagte Jost.

Ich nahm einen Armreifen heraus. Er wog schwer in meiner Hand. Ein Reifen von Gold, mit Rubinen und schwarzen Edelsteinen besetzt.

»Nein, Jost, ist es nicht besser, diese Dinge aufzuheben für die, die nach uns kommen? Vielleicht brauchen sie es einmal, um Gudensberg damit zu erhalten!«

»Du willst nichts? Auch nicht diesen Ring hier? Schau, ich schenkte ihn Juliane, als wir heirateten.«

»Wenn du möchtest, Jost, will ich ihn gerne tragen, auch zum Gedenken an Juliane.«

Es war ein schlichter Goldreif mit einem dunkelblauen Stein, in den das Wappen der Schreuffas eingraviert war. Jost steckte ihn mir an, er paßte.

»Jost, wenn wir eine Tochter bekommen, möchte ich, daß sie Juliane heißen soll, bist du einverstanden?«

Er zog mich an sich und stellte mir eine Frage.

»Nein, Jost, ich glaube nicht, daß ich hoffen kann.«

Traurig, ihn so enttäuschen zu müssen, kramte ich in der kleinen Truhe. Alle diese Juwelen. Wie viele Arme, Hälse und Busen der Damen Schreuffa hatten sie geschmückt, bei frohen und traurigen Anlässen! Ich schloß die Truhe und gab Jost den Schlüssel zurück.

»Du bist eine große Ausnahme unter deinen Mitschwestern, Anne-Catherine. Ich dachte, du würdest hüpfen vor Freude, und nun sehe ich, daß dich diese goldene Pracht gleichgültig läßt!«

»Ja, Jost, das ist so! Ich kann mich nicht mit all dem behängen, wenn es noch so viel Armut und Not gibt; Menschen, die hungern oder gar heimatlos sind. Mama hat ihren Schmuck auf der Flucht hergegeben, um damit die alte Kalesche und das alte Pferd zu erhandeln. Sicher war Mamas Schmuck viel mehr wert. Aber der Mann, der uns

Pferd und Wagen verkaufte, hatte viele Kinder und einen armseligen Hof, sagte Mama. Gewiß hat ihnen der Handel geholfen. Muß nicht Ulrike von diesem Schmuck auch etwas erhalten?«

»Ja, aber erst nach meinem Tod! Ich habe ihr bisher immer mit Geld aushelfen können. Ich fürchtete, daß sie den ganzen Schmuck der Schreuffas für ihr Gut aufbrauchen würde. Aber ich möchte, daß sie noch etwas in petto hat, wenn sie einmal alt sein wird. Vielleicht ist dann der Schmuck besser angebracht als momentan!«

»Und den Rest, Jost, bewahren wir auf für Notzeiten! Du hast mir genug Schmuck geschenkt! Sollte unser Dorf durch Mißernten oder Kriegszeiten einmal in Not geraten, so wollen wir mit diesem Schmuck helfen! Wir tragen so einfach ein wenig die Schulden ab, die wir Gott gegenüber haben! Versprich es mir – Jost!«

»Ja, mein Herz!« sagte er und küßte mich zur Besiegelung dieses Gelöbnisses.

Lange kam ich nicht dazu, in mein Buch zu schreiben. Jost wurde krank; er hatte eine Influenza. Er hustete entsetzlich. Ich dachte an Papa und war voller Sorge und Angst! Medicus Kramer mußte wieder einmal ins Haus kommen. Aber er beruhigte mich, es sei wirklich nur eine Erkältung. Nun pflege ich meinen Mann, erzähle ihm, was auf dem Hof und im Hause geschieht, und lese ihm vor. Jeden Morgen kommt der Gutsverwalter zum Bericht. Graf und Gräfin Ahldegg kamen, ihn zu besuchen, Michaels und Pfarrer Markloff. Frau Ferdinande brachte dickflüssigen Holundersirup mit. Sie sah besorgt aus. Sie war so lieb zu mir und sagte, wenn ich sie brauchte, solle ich nach ihr schicken. Sie ist von einer so selbstverständlichen Hilfsbereitschaft! Sie gab mir einige Hinweise zur Pflege, nannte mir Kräuter, aus denen ich einen Tee bereiten solle, und empfahl mir heiße Wickel! Derweil sprachen die Männer über Dorf, Gut und Zeitgeschehen.

Einige Meilen von hier haben sich viele französische Emigranten niedergelassen. Heute hörte ich zum ersten Male davon, daß sie in großen Scharen über die Grenze gekommen sind. Der Landgraf von Hessen hat sie aufgenommen und siedelt sie nun an. Und mein Jost! Was hat er für uns alles getan!

Ich kam drei Tage nicht zum Schreiben! Der Schrecken sitzt mir noch in allen Gliedern!

Jost weiß nicht, was geschehen ist! Er ist zu krank, als daß ich ihn damit aufregen dürfte. Er fiebert, seine Lungen sind angegriffen.

Vorgestern schien die Sonne, und ich machte einen Gang durch den Park. Jost verlangte, daß ich hinausging und den Frühling begrüßte! Wäre ich doch bei ihm geblieben! Als ich an die letzten Tannen kam, die den Park gegen die Mauer abschließen, erblickte ich plötzlich Wolrad. Der Schreck fuhr mir in die Glieder, so daß ich mich an eine Tanne lehnen mußte. Ich betete verzweifelt: Lieber Gott – laß ihn verschwinden!

Ich konnte mich vor Angst nicht rühren, als er auf mich zukam. Es war ruhig und still hier, keine Menschenseele weit und breit. Was sollte ich nur tun?

»Guten Tag, Anne-Catherine, wie geht es Jost?« Seine Stimme klang fremd in meinen Ohren.

»Schlecht!« sagte ich, »er fiebert, seine Lungen sind angegriffen.«

»Sie sollten vorsichtig sein! Lassen Sie ihn von den

Dienern pflegen!« sagte er fast heftig. Seine Augen glühten wie Kohlen.

»Was geht Sie das an! Es ist meine Pflicht, meinen Mann zu pflegen«, rief ich aufgebracht. Ich zitterte vor Zorn. »Ich habe keine Angst vor einer Ansteckung!«

Auf einmal, mir war, als müßte ich in der Erde versinken, kniete Wolrad vor mir und umfing mich mit seinen Armen.

»Lassen Sie mich sofort los!« sagte ich befehlend.

Da sagte er etwas Schreckliches: »Ich liebe dich! Ich kann ohne dich nicht mehr leben! Warum hast du Jost geheiratet?«

Das war zuviel. Ich befreite mich aus seinen Armen und lief wie gehetzt davon. Wie ich ins Schloß gelangt bin, weiß ich nicht mehr. Zum Glück begegnete mir niemand. Ich riegelte mich in meinem Zimmer ein und sank auf mein Bett. Die Hand in die Decken verkrallt, sagte ich immerfort: »Oh, Gott im Himmel, beschütze mich!«

Jost schaut mich ab und zu so prüfend an. Ob er etwas geahnt hat? Ich muß mich mehr beherrschen. Er darf es nie erfahren!

Warum muß Wolrad mich so lieben? Immer wieder sehe ich seine Augen vor mir und höre, was er zu mir sagte. Möchte doch Jost bald wieder ganz gesund sein! Ich wage nicht mehr, in den Park zu gehen. Meine Angst, Wolrad könnte wieder dort sein, ist zu groß!

Es ist zum Verzweifeln! Jost wird kränker und kränker, trotz aller Pflege, aller Arzneien. Gestern besuchte uns Gräfin Ahldegg. Sie versprach, einen Tee zu schicken, den sie von ihrem alten Schäfer bekommen habe. Einen Tee aus Schafgarbe, Salbei und geriebenem Harz, den man mit Fichtennadeln aufkochen muß. Dann wird er durchgesiebt und mit Zucker erneut aufgekocht. Er löst den Schleim und wirkt befreiend auf die Atemwege. Ach, wenn es doch Jost helfen würde. Ich will ja alles tun!

Als sich Gräfin Ahldegg verabschiedete, sah sie bekümmert aus. Sie sagte zu mir: »Mein armes Kind, Gott steh dir bei! Sei tapfer, und verliere nicht den Mut!«

»Gott steh mir bei!« – das bete ich mit jedem Atemzug, in zwiefacher Hinsicht! Aber keiner weiß das außer Gott und mir!

Das Leben ist furchtbar! Furchtbar die Leidenschaft! Wie soll ich niederschreiben, was mir geschah? Gott weiß, daß ich es nicht wollte, daß ich nichts dazu getan habe! Daß ich nichts dazu getan habe, um in Wolrads Herzen die Liebe und Leidenschaft zu entzünden, die ihn dazu trieb, mir Gewalt anzutun!

Ich bin geschändet, und nicht nur ich – auch Jost!

Oh, Jost, du hast in meinem Antlitz, in meinen Augen gelesen, was ich erlebte, ehe deine Augen brachen! Du wußtest, was mir wiederfahren war, als ich deine Wange zum Abschied küßte! Du wußtest es, als ich voller Schmerz deinen Namen rief: »Jost! Jost! Verlaß mich nicht! Ich brauche dich wie das tägliche Brot! Oh, Jost!«

Und dann fiel ich in einen tiefen Abgrund und wußte nichts mehr!

Jetzt will ich berichten, was geschah, und nichts verschweigen!

Jost verlangte mehr Kissen. Jeder Atemzug machte ihm solche Not. Ich ging, um aus den Truhen vom Dachboden noch einige zu holen. Es war niemand da, der für mich hätte gehen können. Muhme Christiane saß im kleinen Wohnzimmerchen und strickte. Sie ist seit dem Winter alt und gebrechlich geworden. Die Mädchen waren alle in der Küche, um das Abendbrot zu bereiten. Carl war mit einer Besorgung unterwegs. Ich ging also hinauf, öffnete die Truhen und fand auch die Kissen. Unten in der Truhe sah ich alte Briefe, in lateinischer Sprache auf Pergament geschrieben. Sie machten mich neugierig, und ich holte sie heraus, um sie mir anzusehen. Auf dem Boden kniend, betrachtete ich sie, und versuchte, die Buchstaben zu entziffern.

Jemand kam die Bodentreppe herauf. Ich sah auf. Heinrich? Carl?

»Bitte bring doch die Kissen hinunter, der Herr wünscht . . .« Mir blieben die Worte im Halse stecken! Es war weder Carl noch Heinrich! Wolrad stand in der Tür, ohne Mantel und Mütze, ein Gefäß in der Hand.

»Ich suche Sie! Meine Mutter schickt mich! Hier ist der Tee für Jost!« sagte er und starrte mich an.

»Aber Sie wissen doch, wo Jost's Zimmer ist, was suchen Sie hier oben? Bitte gehen Sie sofort hinunter, ich komme gleich nach!«

»Ich sah Sie hier hinaufgehen und wollte Sie allein sprechen, Anne-Catherine.«

Wieder sank er vor mir nieder, wie im Park. Seine Arme umschlangen mich immer fester und zwangen mich in die Kissen, die dort lagen! Vor Angst und Grauen schwanden mir die Sinne. Gott ließ es geschehen! Warum?

Als ich wieder zu mir kam, hob er mich hoch und hielt mich in seinen Armen. Ich konnte mich nicht mehr wehren – mein Leben war zuende! Ich war wie gestorben! Er legte sein Gesicht in meine Halsbeuge und flüsterte:

»Vergib mir – oh vergib mir! Aber ich liebe dich!«

Ich konnte nichts sagen. Mein Herz schrie: Mein Gott – mein Gott – warum hast du mich verlassen!?

Wolrad sah wohl meine erstorbenen Augen. Er schlug die Hände vor sein Gesicht und rief aus: »Sieh mich nicht so an!« Dann wandte er sich um und ging.

Wie ich hinuntergelangt bin, weiß ich nicht. Ich trug die Kissen, auf denen ich gelegen hatte. Jetzt sollten sie Jost stützen. Ein trockenes Schluchzen kam aus meiner Kehle. Ich fuhr wie mechanisch über mein Haar und meine Röcke und trat bei Jost ein. Er sah mich aus elenden Augen an.

»Da waren Schritte«, flüsterte er matt, »Wolrads Schritte!«

»Ja«, sagte ich, »er ging gerade fort.«

»Warum ...« Ein tiefer Seufzer kam aus Jost's Brust, und dann ein Anfall, so schrecklich, wie nie zuvor! Er meinte zu ersticken, rang nach Luft! Seine Hände krallten sich in die Decken, und sein Körper bäumte sich in den Hustenstößen.

Das ist das Ende, dachte ich, und hielt ihn krampfhaft fest und hoch. Gottlob, nun brauchte ich ihm nicht zu sagen, was Wolrad mir angetan hatte – es wäre auch so sein Tod gewesen! Als der Anfall zuende ging, sah mich Jost hilfesuchend an und flüsterte: »Bete, Anne – bete!« und faltete die Hände. Ich faltete die meinen darüber und betete meinen Lieblingspsalm: »Der Herr ist mein Hirte ...!« Und wieder ging ich durch ein dunkles Tal!

Jost schloß seine Augen, seufzte tief auf und lag ganz still. Er war erlöst, und ich stand allein mit meinem Jammer in diesem tiefen, finsteren Tal! Jost war von mir gegangen! Ich schrie auf, schrie und schrie! Die Türe öffnete sich – Muhme Christiane stürzte herein, hinter ihr Carl und

Heinrich. Und ich fiel und fiel und fiel. Tiefe Dunkelheit. Es war für mich eine Gnade!

Sie haben mich dann zu Bett gebracht. Muhme Christiane saß bei mir und hielt meine Hand. Sie haben mir etwas eingegeben. Was ist der Tod gegen das, was man lebend ertragen muß!

Besucher kommen! Aber ich habe mich eingeriegelt. Ich will keine Menschenseele sehen! Ich schreibe und schreibe, denn es erleichtert mein Herz. Gott weiß alles. Ich will in diesem Buche nicht verschweigen, was ich denke und fühle. Die, die nach mir sein werden und es eines Tages lesen, sollen daraus lernen.

Eben klopfte Frau Michael.

»Anne-Catherine! Bitte öffnen Sie mir, ich möchte Ihre Hand drücken!«

Ich konnte ihr nicht widerstehen und öffnete. Sie kam herein und schloß mich in ihre Arme. Da war mir, als öffnete mir eine unsichtbare Macht die Lippen.

»Der Schrecken über mich und mein Aussehen haben Jost getötet«, sagte ich.

»Es ist etwas geschehen, nicht wahr, Anne-Catherine?« fragte sie.

»Ja«, flüsterte ich, und begann meine Beichte. Es tat wohl, alles zu sagen – alles!

»Ich habe es geahnt! Denn er kam von Gudensberg zu uns, am gleichen Abend. Er bat mich, mich um Sie zu kümmern, denn Jost habe nicht mehr lange zu leben. Ich sah ihm an, daß er etwas erlebt hatte, das ihn bitterlich gereute. Und ich machte mir Gedanken und Sorgen darum.«

»Wie soll ich weiterleben?« fragte ich bange.

»Indem Sie bitten für den, der Ihnen Gewalt und Unrecht tat! So steht es geschrieben!«

»Wie kann ich das! Er und ich haben Jost getötet!« Ich schluchzte laut auf.

Frau Michael sprach ruhig und gütig auf mich ein, es war, als sei Mama zurückgekehrt.

»Verzweifeln Sie nicht, Anne-Catherine, Gott steht Ihnen bei! Und er allein entscheidet über Leben und Tod.«

»Aber in jener Stunde verließ er mich – ließ dies alles geschehen! Warum?« schrie ich.

»Gott weiß, was er geschehen läßt, Anne-Catherine; eines Tages werden Sie wissen, warum!«

»Was will Gott denn von mir?«

»Sie werden es erfahren, mein Kind, Gott schütze Sie.« Frau Michael küßte mich und ging hinaus.

Ein entsetzlicher Gedanke steht in mir auf! Wenn ich ein Kind empfangen hätte? Ein Kind aus jener unseligen Stunde? Gezeugt oben auf dem Dachboden dieses Hauses, das ich so liebe. Oh, mein Gott, es wäre das Ende!

Ich kann an der Beisetzung nicht teilnehmen. Ich liege zu Bett. Mir ist kalt und übel, und wenn ich aufstehe, wird mir schwindelig. Muhme Christiane machte ein feierliches Gesicht, als ich es ihr sagte. Warum nur? Es ist doch nur die Aufregung. Und der Tod von Jost!

Ich weine stundenlang in meine Kissen. Nur das Schreiben bringt mir Trost und Beruhigung. Es fällt mir schwer zu beten! Das ist mir noch nie geschehen. Was ist mit mir? Es ist, als habe Gottes Hand mich losgelassen, seit er dies geschehen ließ!

Ich stehe wieder auf. Ulrike kam. Sie konnte nicht eher kommen. Sie ist untröstlich über Josts Tod. Ich übergab ihr den Schmuck und einen Teil Geld. Sie weinte, als ich ihr von dem Gespräch berichtete, das ich mit Jost darüber gehabt hatte. Sie ist sehr lieb zu mir. Oh, wenn sie alles wüßte, wäre sie es sicherlich nicht mehr! Ich komme mir vor wie eine Betrügerin! Die Übelkeit hält an. Ulrike betrachtet mich ab und zu so merkwürdig. Ob Muhme Christiane ihr etwas gesagt hat?

Heute wurde mir die Gewißheit! Ich sprach mit Muhme Christiane darüber.

»Kann es sein, daß ich krank bin?« fragte ich sie.

»Nein, Kindchen, ich weiß, was mit dir ist, und ich freue mich. Ach, wenn doch Jost das noch gewußt hätte!« Sie herzte und küßte mich.

Mir war sehr unbehaglich. Am liebsten hätte ich gerufen: Aber er ist nicht der Vater – sondern Vetter Wolrad! Aber ich vermochte es nicht. Ein Gefühl des Hasses gegen Wolrad Ahldegg stieg in mir auf. Möge Gott mir vergeben! Aber ich kann nicht anders.

Muhme Christiane hat es Ulrike erzählt. Sie freute sich ehrlich darüber. Ich faßte den Entschluß und sprach zu ihr: »Ulrike, wenn es eine Tochter wird, soll dein Ältester Erbe werden, das will ich so. Ich werde es schriftlich niederlegen und beglaubigen lassen. Es wäre auch Josts Wille!« Und ich nahm mir vor, Gudensberg dann zu verlassen! Gott bewahre mich, daß ich nicht die Sünde der Unaufrichtigkeit begehe und in Anspruch nehme, was mir nicht zusteht!

Auch die Dienerschaft weiß es nun, ich merke es an den frohen Gesichtern und an all der Fürsorge für mich! Die Köchin schickt mir eine köstliche Brühe ans Bett oder eine dickcremige Schokolade! Wie Luce damals! Ach Luce, wenn du wüßtest! Ulrike verließ Gudensberg mit einer

Fülle von Ratschlägen, die mich und mein Kind sowie zukünftige Kinderkrankheiten betrafen. Mir schwirrte der Kopf von allem. Aber Muhme Christiane, ein wenig eifersüchtig, meinte, man solle nur hübsch alles dem lieben Gott und der Natur überlassen.

Ich erfüllte die Wünsche, die Jost in seinem Testament geäußert hat. Der alte Notarius Hähnlein setzte mir dann auch nach meinem Wunsche das Schriftstück auf, in welchem ich die Erbfolge für Gudensberg regelte. Er meinte zwar, ich möge doch damit warten, bis das Kind geboren sei. Aber ich will damit nicht warten, denn auch mir kann ja etwas zustoßen. Ich nehme Einblick in die Arbeit und Geschäfte des Gutes. Ich will sie in Jost's Sinn weiterführen, bis ich eines Tages bekennen muß, was alle wissen müssen! Gott helfe mir!

Heute früh ging ich zu Herrn Michael. Auf der Dorfstraße traf ich Johann-Heinrich, seinen Sohn. Er sah so bekümmert aus. Als ich ihn nach seiner jungen Frau fragte, sagte er seufzend, sie litte an der gleichen Krankheit wie Jost. Ich erschrak! Sollte der Ärmste das Gleiche erleben wie ich? Ich drückte ihm die Hand und sagte ihm, daß ich zu seinem Vater wolle, daß ich aber auch nach seiner Frau sehen würde. Er dankte mir und ging davon.

Vor der Schmiede sah ich den offenen Jagdwagen der Ahldeggs.

Wenn Adelbert im Dorf war, würde er wohl auch nach Gudensberg kommen. Da sah ich Wolrad bei dem Schmied stehen. Er wandte mir den Rücken zu. Aber der Schmied hatte mich erblickt und grüßte zu mir herüber. Bevor Wolrad sich umdrehen konnte, war ich schon vorbei geeilt, dem Michaelschen Hause zu. Als ich die schützende Haustüre hinter mir schloß, wurde mir so schwindelig, daß ich mich dagegen lehnen mußte.

Frau Michael kam aus einer Türe und sah mich stehen. Rasch eilte sie auf mich zu und griff meinen Arm. Sie führte mich in ihr Wohnzimmer, setzte mich in einen Sessel und holte mir ein Glas Wein.

»Trinken Sie, Anne-Catherine. Ich sah Wolrad Ahldegg vorbeifahren. Er ist zum Schmied, und Sie sahen ihn dort, nicht wahr?«

Ich nickte nur und brach in Schluchzen aus. Sie legte ihren Arm um mich und setzte sich zu mir auf die Sessellehne.

»Ich habe Angst vor ihm – er wird doch nicht hierher kommen?«

»Nein, das glaube ich nicht!«

Und dann erzählte ich ihr, daß ich ein Kind bekäme, ein Kind, das nicht von Jost sei!

Da weinte sie auch. Nach einer Weile sagte sie: »Ach, Sie armes Kind! Was soll daraus nur werden? Das ist ja entsetzlich! Ich hatte gehofft, daß Gott Ihnen dies nicht auferlegen würde. Da er es aber tut, Anne-Catherine, so nehmen Sie dies Kind aus Gottes Willen und Hand entgegen!«

»Aber das ist ja so entsetzlich schwer!« rief ich. »Warum will er das von mir? Was soll ich nur tun?«

»Ihm vertrauen! Und sich führen lassen, so wie es sein Wille ist! Es wird alles gut werden, verlassen Sie sich darauf. Wir alle werden Ihnen helfen, so gut wir können!«

»Aber muß ich es nicht allen Menschen sofort sagen?«

Sie sann einen Augenblick. »Warum? Ich würde damit noch warten. Es wird sich alles irgendwie ergeben. Da höre ich meinen Mann kommen. Trocknen Sie Ihre Tränen und vertrauen Sie auf Gottes Hilfe!«

Als ihr Mann hereinkam, hatte ich mich so weit gefaßt und konnte ihn begrüßen. Zu Sibylle ging ich nicht hinauf, ich wäre kein beruhigender Besuch gewesen, keine Aufmunterung. Aber ich ließ ihr Grüße und Wünsche bestellen und meine Blumen bringen, die ich mitgebracht hatte. Johann-Heinrich kam auch noch herzu. Er tut mir so leid. Er hat so etwas Gutes und Offenes im Blick. Man muß ihn einfach gern haben. Gott erhalte ihm seine junge Frau, die im Juni ihr erstes Kind haben soll!

Auf dem Nachhauseweg mußte ich wieder an der Schmiede vorbei. Der Ahldeggsche Wagen war fort. Erleichtert ging ich nach Gudensberg zurück. Als ich auf den Hof kam, sah ich dort das Gefährt stehen. Wolrad stand in der Halle und verabschiedete sich von Muhme Christiane. Als ich hereinkam, wandte sie sich mir zu und sagte:

»Oh, da kommt ja Anne-Catherine. Wir sollen am Sonntag zu Ahldeggs kommen. Wolrad überbringt gerade die Einladung, sollen wir annehmen?«

Wolrad küßte mir die Hand. Er machte ein unglückliches Gesicht. Ich verstehe nicht, daß er es wagt, hierher zu kommen. Aber er kann seiner Mutter, die ja unser unseliges Erlebnis nicht weiß, nicht den Auftrag verweigern. Ich fühlte, wie schwer es mir werden wird, diesem Mann zu begegnen!

»Was soll ich meiner Mutter bestellen?« hörte ich ihn fragen.

»Wir danken herzlich für ihre Einladung! Bitte grüßen Sie Ihre Eltern von mir. Ob ich kommen kann, weiß ich noch nicht, ich bin sehr erkältet!«

»Das bedeutet, daß Sie nicht kommen werden.« Er wandte sich an die Muhme: »Und du?«

»Ich komme, Heinrich kann mich fahren.«

Ich neigte den Kopf und ging an ihm vorbei nach oben. Vor meinem Bett kniete ich nieder. Ich meinte, Jost vor mir zu sehen, und hörte seine Worte: »Bete, Anne, bete!« Seine letzten Worte für mich – so wahr, so inhaltsschwer! Ja, ich will beten! Ich kann es wieder, Gott sei Lob und Dank! Es ist mir, als sei mir die Verbindung zu Gott neu geschenkt. »Gott im Himmel, sei mir gnädig – bewahre mir Herz und Sinne, und gib, daß Jost mir vergibt! Er liebte mich so sehr; er war mir Vater, Freund, Bruder und Gatte zugleich.«

Ich bin krank an Leib und Seele! Muhmes Glück und Erwartung auf das Kind sind so groß, daß es mich rührt und zugleich schmerzt!

Sie überschüttet mich mit Liebe, Geduld und Zärtlichkeit und einer nie endenden Fürsorge: »Anne-Catherine, hier ist ein Umhang! – Kindchen, hast du auch warme Füße? – Stell dich nicht in den Zug! – Carl, hier ist es kalt, mach ein Feuer an. – Heinrich, der Schemel für die Herrin! . . .«

Manchmal bin ich dicht daran, ihr die ganze Wahrheit zu sagen, aber ich kann es nicht! Sie hat vom Schäfer weiche Wolle holen lassen. Als er hörte, wofür sie sein solle, schickte er einen Kräutertee für mich mit. Den muß ich nun täglich trinken.

»Weißt du, Anne-Kindchen, dann wird die Geburt leichter«, sagte die Muhme.

Und nun strickt sie kleine Jäckchen und Höschen, und ihr Antlitz strahlt so viel heiteren Frieden und Glückseligkeit aus, daß ich es nicht fertigbringe, ihr diesen Schlag zu versetzen! Sie macht schon Pläne, schlägt die Taufpaten vor und immer neue Namen. Wir werden ein großes Tauffest feiern. Sie zählte die Leute auf, die eingeladen werden müssen. Ich schwieg. Sie musterte mich über ihrem Strickzeug und fragte plötzlich:

»Interessiert dich das nicht?«

Ich war erschrocken, dann zornig und wollte eben etwas Häßliches sagen. Doch als ich in ihre ängstlich-erschrockenen Augen sah, diese Herzensangst der guten, treuen Seele, schämte ich mich. Ich biß mir auf die Lippen und schwieg. Und die Gute verstand mich zu meinen Gunsten, nahm mich in den Arm und entschuldigte sich: »Kindchen, verzeih, ich dachte im Moment des Pläneschmiedens nicht daran, daß ja Jost nicht dabei sein wird!«

»Ach, Muhme«, sagte ich. »Sie Liebe, Gute. Ihr seid der Mensch, der mir am nächsten steht. Ihr seid aus dem Blute der Schreuffas. Eure Augen sahen Jost, als er noch ein Knabe war. Ihr sollt zuallererst Patin über mein armes Kind werden!«

Ihr Gesicht überzog sich mit einem so verklärenden Glanz, daß ich mich schämte, so unaufrichtig zu sein. Gott verzeihe mir! Sie umarmte und küßte mich, und ich brach in Tränen aus.

Sie eilte hinaus und kam bald mit einem langen Spitzenkleidchen zurück, unter dem ein starres, hellblaues Taftröckchen hervorsah. Sie sagte bewegt, indem sie es mir hinhielt: »Josts und Ulrikes Taufkleid! Ich habe es sorgfältig gepflegt und aufbewahrt. Nun wird es mein Patenkind, Josts und dein Kind tragen.« Da weinten wir zusammen, eng umschlungen!

In mir wächst das Kind, das ich nicht gewollt habe und das der Ahldegger mir aufzwang! Das Kind, das ich mir von Jost gewünscht, von Gott erbeten und nicht erhalten habe!

Wolrad weiß jetzt, daß ich sein Kind unter dem Herzen trage.

Seine Mutter besuchte uns. Ich saß mit Muhme Christiane unter der dicken, alten Kastanie. Sie steht vor der hinteren Terrasse und bietet Schutz und Kühle vor der Sonne. Seit einigen Tagen ist es so warm, daß man im Freien sitzen und handarbeiten kann. Carl geleitete die Gräfin zu uns, brachte noch einen Stuhl, und Elise deckte den Tisch. Als wir dann allein waren, goß ich den Kaffee ein. Die Gräfin betrachtete mich und fragte dann nach meinem Befinden. Muhme Christiane, eifrig und glücklich, berichtete, daß das Kind im Dezember zur Welt kommen würde.

»Ein Gottesgeschenk für dich, liebe Anne-Catherine, ich freue mich von Herzen mit dir!« sagte die Gräfin bewegt.

Ich bemühte mich um Fassung. Am liebsten wäre ich vor diesen beiden Frauen, die ich liebte, in die Knie gesunken, hätte ihnen mein Elend, meine Not kundgetan! Gott sei mir gnädig, daß ich den Vater meines Kindes so hasse!

»Mein Mann und meine Söhne werden sich mit dir freuen, Anne-Catherine, wenn ich ihnen diese Neuigkeit mitteilen werde. Wie hätte Jost sich gefreut!«

Sie fuhr davon, mit vielen Segenswünschen für mich und mein Kind. Wenn sie ahnte, daß sie die Großmutter dieses Kindes ist, was würde sie wohl sagen?

Am nächsten Tage saß ich wieder draußen. Ich war ganz alleine. Ein Schatten fiel über mich und das Buch, in dem ich las. Wolrad! Er stand neben mir und sah auf mich herunter. Sein Gesicht war todernst!

»Ich weiß es, Anne-Catherine!«

Ich neigte den Kopf, um ihn nicht ansehn zu müssen.

»Sag mir ein Wort – ein Wort, daß du mir vergibst!« bat er mit eindringlicher Stimme.

Ich verbarg mein Gesicht in beiden Händen. Meine Tränen, den Haß in meinen Augen sollte er nicht sehen.

»Anne-Catherine, du willst eine Christin sein? Warum kannst du nicht vergeben? Ich bereue tief, was ich tat! Aber ich liebe dich – ich bin krank vor Liebe zu dir – ich höre niemals auf, dich zu lieben!«

Ich vermochte nichts zu sagen.

Er stand so dicht neben mir, daß ich seine Nähe fast körperlich empfand. Er roch nach Tabak, Leder, nach Hunden und Pferden. Plötzlich hatte ich Sehnsucht danach, meinen Kopf an seinen Arm zu legen. Oh, mein Gott und Vater! Ich, der dieser Mann Gewalt angetan hatte, hatte in jener Minute solche Gedanken! Wieder sprach er zu mir:

»Sag mir doch ein Wort, ich bitte dich darum! Warum quälst du mich so?«

»Ich will versuchen zu vergeben!« schluchzte ich.

Er legte seine Hand an meine Wange. Wo war all seine Wildheit, sein Ungestüm?

»Werde mein Weib, Anne-Catherine, hilf mir zu einem neuen Leben. Laß mich unserem Kind Vater werden!«

Mein Jammer und meine Not wurden immer größer! Was sollte ich nur tun? Was sollte ich ihm antworten?

»Bitte gehen Sie!« bat ich.

»Erlauben Sie mir, wiederzukommen! In Ihrem Schoße wächst mein Kind. In Ihren Händen liegt mein Glück, Anne-Catherine. Werden Sie meine Gefährtin. Ich bitte Sie von ganzem Herzen darum!«

»Gehen Sie – oh, gehen Sie!« rief ich. Mir schwanden die Sinne.

Sie standen alle besorgt um mich herum: Muhme Christiane mit dem Riechsalz, Carl mit einem Glas Wein, Heinrich mit einem nassen Tuch. Elise fächelte mir mit einem Wedel kühle Luft zu. Sie waren alle glücklich, als ich zu mir kam.

»Sicher die Sonne, die Hitze, Kindchen«, sagte Muhme Christiane und schaute mich besorgt an.

Ich ließ es dabei bewenden. Und ich sagte, es ginge mir schon besser. Mir sei auf einmal so merkwürdig geworden. Ich trank den Wein und dankte meiner fürsorglichen Schar Getreuer!

Zwei Tage vergingen, dann war er wieder da! Das Furchtbare ist, daß ich ihn erwarte! Mit heimlichen Ängsten auf ihn warte! Was ist das in mir, das sich für ihn regt? Ist es Mitleid? Oder aber ... Immer höre ich seine Worte, sehe sein ernstes Angesicht. Wieder stand er neben mir.

»Wie geht es dir, Anne-Catherine?«

Ich sagte ihm, daß ich ganz zufrieden sei.

»Hast du viele Beschwerden gehabt?« Seine Stimme klang weich und bewegt. »Was kann ich für dich tun? Was soll ich tun? Sag es mir!« rief er aus.

»Ich weiß es nicht«, sagte ich niedergeschlagen.

»Anne-Catherine, meine Eltern lieben dich wie eine Tochter. Werde meine Frau! Du weißt, daß ich dich liebe, liebte, seit ich dich zum ersten Male sah. Ich denke an nichts anderes als an dich und an mein Kind!« Verzweifelt kam es heraus: »Es ist doch auch mein Kind!« Ein trockenes Aufschluchzen kam aus seiner Kehle.

Gott steh mir bei! Auch ich muß immerfort an ihn denken. Er ist gegangen mit einem: »Leb wohl! Morgen werde ich wiederkommen!«

»Nein!« rief ich verzweifelt aus. Hörte er es? Was soll ich nur tun? Er wird immer wieder kommen und mich bitten, bestürmen, anflehen, seine Frau zu werden. Es zerreißt mich! Einesteils fürchte ich seine wilde Leidenschaft, andrerseits zieht sie mich in ihren Bann! Es ist entsetzlich! Und mein Kind – sein Kind – regt sich in meinem Leibe!

Heute besuchte ich Sibylle Michael. Ich dachte: Wie rosig sind ihre Wangen, wie glänzend ihre Augen. Es ist aber das Fieber, das sie so lieblich erblühen läßt. Frau Ferdinande sagte mir, die Arme sei morgens totenbleich und nicht imstande, ihre Milchsuppe herunter zu bekommen.

Ich brachte ihr den Tee, der Jost zwar Linderung, aber keine Genesung brachte. Brachte ihr Blumen und Früchte. Sie schenkte mir ein strahlendes Lächeln.

Johann-Heinrich stand am Fußende des Bettes und ließ seinen traurigen Blick nicht von ihr.

Es zog mir das Herz zusammen. Warum nimmt mich Gott nicht an ihrer Statt? Warum?

Sibylle ist tot! Ich habe schrecklich geweint. Die armen Michaels. Der arme Johann-Heinrich! Ich ging hin, und wir weinten zusammen. Johann-Heinrich hat sich in seiner Kammer eingeschlossen. Frau Ferdinande sagte, er habe vor Schmerz und Kummer getobt und gerufen: »Warum? Warum?«

Sie mußten ihm etwas eingeben, daß er schlafen und ruhig werden konnte.

Auch hier der Schrei nach dem Warum! Lieber Gott, tröste du, wo es uns Menschen an Kraft gebricht!

Fast täglich kommt er! Ich kann es kaum noch ertragen! Seine Stimme hören, ihn sehen! Es ist fast zu viel! Sieht es denn keiner! Natürlich sieht man es, aber keiner sagt etwas!

Nachts liege ich wach und versuche, mir über meine Gefühle für diesen Mann klar zu werden: Ich liebe den Mann, den Vater meines Kindes, den Mann, der mit mir zusammen den Tod meines Jost verursachte. Ich, Anne-Catherine von Schreuffa, geborene Reccard! Was würde Papa, was würde Mama von all diesen Dingen sagen? Was würden sie über diesen Mann, der mir Gewalt antat, sagen? Zu dem Kinde, das daraus entstanden ist? Dem Leben, das entstand, als das meines Mannes durch die schreckliche Gewißheit entfloh! Würden sie mir raten, die Frau dieses Mannes zu werden?

Wenn ich ganz ehrlich bin, muß ich das mit einem festen NEIN beantworten!

Heute mittag ging ich mit Don hinaus in die Felder. Ich saß ein Weilchen am Waldesrand und sah den Leuten auf den Feldern zu. Sie sind ärmer, als ich es bin. Aber sind sie nicht glücklicher? Ich meine immer, die Menschen müßten in meinen Augen lesen, wie es um mich steht. Ich komme mir schlecht vor! Ich wünschte, mein Leben und das meines Kindes gingen zu Ende!

Da sah ich Johann-Heinrich auf mich zukommen. Er freute sich, mich zu sehen, und begrüßte mich. Seine traurigen Augen taten mir weh. Wir sprachen von Sibylle. Ich bedauerte, daß ich nicht zur Beisetzung gehen konnte. Aber es goß in Strömen und war so windig, daß die Muhme es aus Sorge um mich nicht gestattete.

Johann-Heinrich verstand es. »Sie haben es besser als ich, Frau von Schreuffa«, sagte er, »Sie werden Ihr Kind haben und damit eine bleibende Erinnerung an Ihren verstorbenen Gatten. Sibylle aber nahm unser Kind mit ins Grab!«

Es war entsetzlich, ihn so reden zu hören!

Ich sagte ihm, was mir Papa eines Tages aus einem Buche vorgelesen hatte: Das Leid ist das schnellste Roß, das uns zur Vollkommenheit bringt!

»Manchmal fällt es einem wie Schuppen von den Augen, und Worte werden lebendig, werden Wahrheit! Und wirklich! Vollkommenheit ist immer hart und schmerzlich«, sagte ich.

Johann-Heinrich gab mir recht. Er ging davon mit den Worten: »Sie sollten eine Mutter haben! Sie sind noch zu jung, um ihre Trauer alleine tragen zu können! Gott sei mit Ihnen!«

Ich sah ihm nach. Ich will jetzt öfter zu seiner Mutter gehen. Sie wird wissen, was mir nottut!

Ich will und darf Wolrad nicht mehr begegnen! Darum gehe ich jetzt immer zu der Zeit, in der er zu kommen pflegt, zu Frau Ferdinande. Sie weiß, wie es in mir aussieht, ich habe ihr alles erzählt und nichts ausgelassen!

Sie sagte: »Anne-Catherine, wenn Sie ihn wirklich lieben, so werden Sie doch seine Frau! Sie sind einfach zu jung, um alleine mit dem Leben fertig zu werden!«

Ich sah sie überrascht an. »Aber ich habe kein solches Vertrauen zu ihm wie zu Jost«, sagte ich.

»Aber Sie lieben den Vater Ihres Kindes! Ihr Kind würde mit dieser Heirat zu seinem Vater kommen.« Sie betrachtete mich ernst und prüfend.

»Das ist es ja, Frau Ferdinande, daß ich nicht wirklich weiß, ob ich ihn liebe, oder ob es eine unselige Leidenschaft ist! Ich sehne ihn herbei – zugleich stößt mich seine Wildheit ab!«

»Sie armes Kind«, sagte Frau Ferdinande.

Ich weinte. »Ach, wenn Papa und Mama noch lebten! Ich könnte sie um Rat fragen. Ich glaube nicht, daß sie mir zu dieser Heirat geraten hätten. Ich liebe und fürchte Wolrad zu gleicher Zeit. Ist das ein fester Grund, darauf eine Ehe aufzubauen?«

»Wenn es so ist, Anne-Catherine, sollten Sie ihm nahelegen, von hier fortzugehen! Sonst könnte er eines Tages erneut tun, was er schon einmal tat!«

»Lieber will ich sterben!« sagte ich fest und entschlossen.

»Glauben Sie nicht, Anne-Catherine, daß sein ungestümes Wesen sich beruhigen würde, wären Sie erst seine Frau? Er liebt Sie seit langem und könnte sich doch durch Ihre Liebe bessern, meinen Sie nicht?«

»Oh, ich fürchte, ich bin zu jung, um diese Aufgabe zu bewältigen.«

»Dann sagen Sie ihm, er möge abreisen! Sie finden unterdessen Zeit und vor allem Ruhe, um sich über Ihre Gefühle völlig klar zu werden!«

Sie hatte recht! »Ich will Ihren Rat befolgen, seien Sie bedankt.« Getröstet kehrte ich heim.

Wolrad erschien heute schon zu früher Stunde. Er brachte die Nachricht, daß Adelbert und Mathilda einen Sohn haben. Muhme Christiane ging hinauf, um die Geschenke fertig zu machen, die wir bereitliegen hatten. Wolrad und ich standen uns gegenüber. Plötzlich riß er mich in seine Arme, küßte mich so heftig und immer wieder, daß ich meinte, sterben zu müssen!

»Lassen Sie mich los«, bat ich mit erstickter Stimme.

Aber er hielt mich nur noch fester. Da sagte ich vor

Angst und Grauen fest und laut: »Lieber Gott, schütze mich!«

Sofort ließ er mich los und starrte mich an, als hätte ich ihn geschlagen! Zornig rief er aus: »Du bist mein! Denn du liebst mich!«

Ich sah erschrocken zur Türe. Wenn doch jemand käme! Ach, wenn lieber niemand käme, dies anzuhören! Ich floh hinter einen Sessel und hielt mich an der Lehne fest.

»Ist es so, oder nicht, Anne-Catherine? Weiche mir jetzt nicht aus!«

Ich sah in sein aufgewühltes Gesicht. Mitleid, Scham und Empörung zugleich ergriffen mich. »Wolrad, gehen Sie fort! Ich fürchte mich vor Ihrer Liebe, und vor Ihnen – und sehne mich zugleich danach!«

Mit raschen Schritten war er bei mir, schob den Sessel fort und legte meinen Kopf an seine Brust.

»Hier wärest du für immer geborgen, wenn du es nur wolltest! Und ich bei dir!«

Ach, ich war so müde, und ich hatte so Mitleid mit ihm. Aber wohin sollte das führen? Immer diese Wildheit, dies Ungestüm! Nie würde ich Ruhe finden – nie einen tiefen Frieden haben! Ich war einfach zu jung, um diesen wilden Mann zu bändigen und mit ihm fertig zu werden.

Schritte näherten sich der Türe. Wolrad trat einige Schritte zurück und sah aus dem Fenster. Muhme Christiane kam herein.

»Diesen silbernen Becher mit dem Engelkopf darauf nimm mit für den kleinen Jost-Adelbert-Wilhelm.«

»Wie lieb«, sagte ich, »Jost zum Gedenken!« Und sah Wolrad dabei fest an. Er wandte seinen Blick ab. Muhme Christiane sah von einem zum andern. Ihr Gesicht drückte Besorgnis aus. Ich sah in ihren Augen eine bange Frage.

»Du bist so blaß, Anne – Kind«, sagte sie.

»Sie muß mehr essen und im Garten liegen, sie wird immer blasser und dünner, seht ihr das denn alle nicht?« rief Wolrad fast heftig.

»Ach, es ist nichts«, sagte ich, »ihr verhätschelt mich viel zu viel!«

Die Muhme aber ging und holte Rotwein. Wolrad und sie tranken mit mir auf das Wohl des neuen Erdenbürgers aus dem Hause Ahldegg.

Als wir in der Halle Abschied nahmen und die Muhme abgerufen wurde, sagte ich zu ihm:

»Wolrad, bitte gehen Sie fort von hier!«

Er antwortete nichts, ging und schloß die Türe hinter sich.

Während ich Stufe um Stufe langsam die Treppe hinaufging, betete ich für ihn – für mein Kind! Daß Gott mir Kraft für die richtige Entscheidung geben möge! Daß Gott meine verwirrten Sinne und Gefühle ordnen und zu der Lösung führen möge, die für mich und mein Kind zum Segen würde.

In meinem Zimmer angekommen, öffnete ich mit ungeduldigen Händen die Haken und Ösen meines Kleides und ließ es achtlos zu Boden fallen. Es war mir egal! Ich legte mich auf mein Bett und schloß die brennenden Augen.

Meine Gedanken gehen immer im Kreise! Ist es Unrecht, den Mann fortzuschicken, der der Vater meines Kindes ist, der mich liebt? Allerdings mit einer erschreckenden Wildheit und Leidenschaft, die mich abstoßen und zugleich anziehen! Den ich liebe und doch nicht heiraten möchte! Wenn ich an meine guten Eltern denke und an Jost, weiß ich, daß ich ihn nicht heiraten darf, nicht heiraten kann! Aber trotzdem möchte ich bei ihm sein! Ich habe bald keine Kraft mehr, Wolrad zu widerstehen! Ihm angehören, ohne seine Frau zu sein, wäre Sünde! Auf welche schreckliche Probe stellt Gott mich? In mir schreit alles nach diesem Mann, und Wolrad geht es genauso! Warum müssen wir solche Gefühle haben und gegen ihre Macht kämpfen?

Jetzt werde ich nicht eher aus dem Hause gehen, bis ich höre, daß er abgereist ist! Wenn ich dann ruhig geworden bin, will ich mein Herz genau prüfen! Ob ich noch genauso fühle, wenn er weit fort ist von mir und ich ihn lange nicht sehe. Ich will mich prüfen, ob diese Gefühle nicht ein kurzes, wildes Strohfeuer sind!

Du aber, Gott, siehst meine Gedanken von Ferne, ob ich sitze oder liege! Du kennst alle meine Wege! Nichts ist vor dir, Herr, verborgen!

Muhme Christiane ist besorgt, weil ich einige Tage zu Bett blieb. Sie wollte schon den Medicus Kramer herbeiholen lassen. Ich ließ es nicht zu.

»Aber Muhme, soll der alte Herr wegen ein bißchen Müdigkeit die Reise von Kassel bis hierher machen? Sorge dich nicht! Ich möchte einige Tage ruhen. Der Rücken tut ein wenig weh, es ist nichts weiter! Komm, gib mir einen Kuß, ich weiß, du meinst es gut!«

Sie stützte mich mit vielen Kissen in meinem Bett. So kann ich in mein Buch schreiben. In Reichweite auf der Nachtkonsole steht das Kristalltöpfchen mit der Schreibtinte. Carl hat mir neue Federn gebracht. Er gab mir die Papiere des Gutsverwalters, die ich unterschreiben muß, damit alles weiterhin seinen Gang geht. Fast schäme ich mich, daß ich mich so kleinmütig in mein Bett verziehe, anstatt mutig dem Tag und den Anforderungen meines Daseins entgegenzutreten! Aber ich bin nur ein Mensch! Ich will gern alles tun – aber zuvor muß es in meinem Herzen klar werden.

Carl öffnete das Fenster einen Spalt und prüfte, ob es auch nicht ziehen würde! »Der junge Graf Wolrad ist abgereist, wenn ich mir erlauben darf, dies zu erwähnen«, sagte er dabei.

Mein Herz tat einen raschen, harten Schlag. »Oh«, sagte ich leichthin, meine Schreibfeder betrachtend, »sicherlich zu seinem Gut nach Rußland.«

»Heinrich traf heute den Ahldeggschen Kutscher. Er hat berichtet, daß der junge Herr nach Preußen reiste, zu Verwandten.«

Ich war erleichtert, und traurig zugleich. Wolrad war fort! »Ich werde morgen wieder aufstehen, Carl!«

Sein Gesicht sah irgendwie erleichtert aus. »Dann werde ich die Terrasse herrichten. Der Gärtner setzte heute neue Blumen in die Kästen und Kübel, es wird sehr gut aussehen!« Damit ging er hinaus.

Die Gräfin Ahldegg kam zu Besuch und bestätigte mir, was Carl berichtet hatte.

»Weißt du, Anne-Catherine, in der Mark Brandenburg leben noch Verwandte von uns. Sie haben drei entzückende, heiratsfähige Töchter. Ich hoffe, Wolrad wird sie sich eingehend ansehen, denn es ist Zeit für ihn, sich eine Frau zu suchen. Er wird wohl bald das Gut in Rußland erben und braucht dort eine tüchtige Hausfrau!«

»Ich will hoffen und wünschen, Frau Tante, daß Ihre Wünsche in dieser Hinsicht in Erfüllung gehen!«

Dann sprachen wir noch über den kleinen Jost-Adelbert-Wilhelm. Als die Gräfin gegangen war, forschte ich in meinem Herzen, was sich dort bei den neuen Nachrichten regte. Irgendwie war ich erleichtert. Ich fühlte, daß die Trennung von Wolrad endgültig sei. Gott hat Mittel und Wege, Verhältnisse zu ändern, Menschen zusammenzuführen und wieder zu trennen. Er wird auch meinen Weg und den meines Kindes wissen! Auch wenn ich es im Moment noch nicht erkenne!

Einige Wochen sind vergangen! Ich war krank! Ich hatte mich wohl erkältet, als ich ohne Schal und Decken auf der Terrasse gesessen hatte und der Wind so kühl war. Als Muhme Christiane mich holte, schalt sie schon mit mir, daß ich nicht früher ins Haus gekommen sei. Nachts mußte ich nach ihr rufen, mir war so heiß und fiebrig. Sie weckte die Köchin, und ich bekam heißen Rotwein, Tee mit Honig und einen heißen Ziegel an die Füße. Mal schlugen mir die Zähne aufeinander vor Frost, dann riß ich mir die Decken vom Körper. Am nächsten Tag holten sie Frau Ferdinande. Sie pflegten mich abwechselnd und hielten auch in der Nacht Wache. Ich wollte immer trinken und rief nach Jost und nach meinen lieben Eltern. Medicus Kramer blieb die ärgsten Tage bei uns im Haus. Ich erinnere mich, daß ich sein gutes, altes Gesicht sah mit dem weißen Bart.

Ich durfte, sollte nicht sterben, wie ich es gehofft hatte! Gott wollte es anders für mich und mein Kind. Warum? Bald kann ich dies unerträgliche Schweigen nicht mehr ertragen! Ich habe es Frau Ferdinande gesagt. Sie meinte, wenn es mich so quäle, wäre es gut, diese schwere Geschichte bald hinter mich zu bringen.

Ich komme mir so schlecht vor! Auch wenn ich sehe, wie die Muhme sich freut, daß alles gut verlaufen ist. Sie hat sich schrecklich geängstigt um mich und das Kind. Dies Kind, das sie so sehnlich erwartet wie ein Kind das Weihnachtsfest! Und wie weh muß ich ihr nun tun! Dieser guten, treuen Seele! Es könnte ihr Tod sein!

Heute nachmittag saß ich, warm eingehüllt, auf der Terrasse. Don lag zu meinen Füßen. Ich hörte Schritte! Mein Herz schlug hart. So ging Wolrad! Erschrocken sah ich mich um. Muhme Christiane kam mit Johann-Heinrich Michael zu mir. Er trug etwas auf dem Arm. Es bewegte sich. Behutsam legte er mir einen jungen Schäferhund auf den Schoß.

»Er soll Ihnen gehören«, sagte er.

Sein Gesicht war braungebrannt, und er sah viel wohler aus.

»Oh, ich danke Ihnen«, rief ich entzückt aus und streichelte das Tier, das sich an mich drängte und mir das Gesicht lecken wollte. Don stand eifersüchtig daneben. Sein Hundegesicht sah richtig beleidigt aus. Wir mußten darüber lachen!

»Er ist noch ein wenig ungezogen«, sagte Johann-Heinrich, und nahm das Tier wieder an sich. »Er muß noch erzogen werden, aber das werden Sie schon schaffen!«

Er legte das Tier an eine Leine und gab mir die Schlaufe in die Hand. »Geben Sie ihm einen Namen und wiederholen Sie ihn immer wieder, bei jedem Befehl! Hunde dieser Rasse sind klug, sie lernen rasch.«

Ich dachte nach. »Ist es ein Er oder eine Sie?« fragte ich dann.

»Eine Sie«, sagte Johann-Heinrich.

»Dann will ich sie Dido nennen, wie Papas Pferd zu Hause in Frankreich. – Dido! Dido!«

Der Hund spitzte die Ohren.

»Gut«, sagte Johann-Heinrich. »Sie wird es schon lernen. Von meinen Eltern soll ich Grüße und Wünsche ausrichten!«

Als er fort war, sann ich über ihn nach. Er hat so etwas Ruhiges, Gefestigtes an sich. Seine Stimme ist angenehm, und kultiviert. Seine Hände sind nicht die eines Bauern. Er gleicht in allem seinen Eltern. Welch ein Segen für mich, sie alle zu Freunden zu haben!

Dido riß an der Leine und sah mich an. Und heute ist mein Geburtstag – aber niemand dachte daran. Und trotzdem erhielt ich Dido!

Dido bereitet mir Erziehungssorgen. Aber sie ist ein zärtliches kleines Geschöpf. Heinrich berät mich, was sie zu fressen bekommen darf, ich habe ja keine Ahnung. Aber es kommen leider auch Klagen über zerfetzte Hausschuhe und Teppiche, und meine Türe ist ganz zerkratzt von ihren Pfoten, wenn sie zu mir herein will. Ich nehme sie immer mit und bemühe mich, ihr gute Manieren beizubringen.

Ich ging auch zu Michaels und bedankte mich für das Geschenk, das mich freut und ablenkt.

Frau Ferdinande riet mir, mich viel zu bewegen, zu arbeiten, natürlich nicht schwer. »Arbeit ist gesund für Leib und Seele«, sagte sie.

Und sie hat recht!

Ich schneide nun immer die Blumen für das Haus. Carl bringt mir die gefüllten Vasen dann dorthin, wo ich sie stehen haben will. Ich helfe im Hause, bessere die Wäsche aus und fühle mich sehr wohl und zufrieden dabei. Ich habe nicht mehr so viel Zeit zu grübeln. Nur in den Nächten liege ich oft wach und sinne über mein Geschick nach – und über das meines Kindes. Wieviel wird dieses Kind von seinem Vater haben? Von dessen Gestalt, Wesen und Charaktereigenschaften? Ich bitte Gott, daß er mein Kind gesund an Leib, Seele und Geist zur Welt kommen läßt. Daß er seine Wege führt, und daß dies Kind zu einem Segen wird, gerade weil es aus Schande und Kummer entstanden ist.

»Bete, Anne, bete!« Immer wieder klingt mir Josts Stimme in den Ohren! Sein letzter Rat an mich war der größte und beste, den ein geliebter Mensch dem anderen mit auf den Weg geben kann! Wenn wir beten, sind wir mit Gott verbunden. Wir erhalten Erkenntnis, Kraft und Trost daraus.

Wie oft hat Papa gebetet: »Herr schenke uns Glauben, Weisheit und Verstand!« Ich höre nicht auf, für Wolrad zu beten, daß Gott ihn auf einen guten und friedvollen Weg führen möge!

Ich lerne jetzt eine ganze Menge! Wie dumm bin ich doch! Eine Guts- und Hausfrau bin ich noch lange nicht! So stürze ich mich eifrig auf alles, was ich noch nicht weiß, und bin glücklich über jedes Lob, das mir zuteil wird.

Gestern nachmittag war ich mit Muhme Christiane bei Michaels eingeladen. Herr Michael hatte Geburtstag. Da sagte die Muhme ganz stolz: »Anne-Catherine spinnt einen so feinen Faden, daß man staunen muß!«

Alle machten ungläubige Gesichter. Johann-Heinrich stand auf und sagte: »Das soll sie uns beweisen.«

Er holte das Spinnrad seiner Mutter herbei, ich setzte mich davor, und alle sahen mir zu. Mit Herzklopfen und ein wenig nervös begann ich. Nach einiger Zeit prüften die Frauen den Faden und lobten meine Arbeit. Da war ich ganz stolz! Ich gab der Muhme einen herzhaften Kuß, und sagte: »Das verdanke ich dir, du hast dir so viel Mühe mit mir gegeben!«

»Sie wird eine gute Hausfrau«, sagte Herr Michael.

Warum aber schwiegen alle plötzlich? Sie rührten verlegen in ihren Kaffeetassen, und ich blickte erstaunt von einem zum andern!

Da blieb mein Blick an dem Gesicht Johann-Heinrichs hängen. Er sah mich an, und es war so viel herzliche Zuneigung und Hingabe in seinen Augen, daß es mich bewegte. Die Röte stieg mir ins Gesicht. Ich erhob mich und ging hinaus in den Garten. Frau Ferdinande und die Muhme folgten mir, und wir sprachen über die Blumen und Kräuter und andere Dinge. Mir aber ging der Blick von Johann-Heinrich nicht aus dem Sinn!

Einige Tage später! Frau Ferdinande war bei mir. Sie bat mich um eine Unterredung und war so feierlich. Mir klopfte das Herz. Ich führte sie in die Bibliothek.

»Anne-Catherine«, sagte Frau Ferdinande, »ich komme im Namen meines Sohnes Johann-Heinrich zu Ihnen. Er hat Sie sehr lieb gewonnen und bittet Sie, seine Frau zu werden, wenn das Kind geboren ist.«

Ich saß ganz stumm und konnte sie nur ansehen! »Weiß Johann-Heinrich alles? Und daß Wolrads Bild in meinem Herzen steht, trotz allem, was er mir angetan hat?«

»Nein, sicher nicht. Aber ich kann es ihm sagen. Ist es denn wirklich immer noch so?«

»Sehr oft; aber ich bin viel ruhiger und irgendwie befreiter, seitdem Wolrad fort ist. Johann-Heinrich ist mir immer lieb gewesen, wie ein Freund. Ich habe Vertrauen zu ihm. Aber an die Möglichkeit, ihn zu heiraten, habe ich natürlich nie gedacht!«

»Bedenken Sie, Anne-Catherine, wenn Sie meinen Sohn heiraten, begeben Sie sich zurück in den Bürgerstand. Heute sind Sie eine Frau von Stand. Johann-Heinrich kann Ihnen das nicht bieten, und Sie sind ihm in mancher Hinsicht überlegen! Prüfen Sie sich, ob er Ihnen als Gatte und Vater Ihrer Kinder genügen wird. Lassen Sie sich Zeit! Mein Sohn kann warten! Und erst dann, wenn Sie sich ganz klar geworden sind – beten Sie um diese Klarheit, liebe Anne-Catherine! –, dann antworten Sie ihm! Was ich mir wünsche, wissen Sie ja. Ich habe Sie schon so lieb wie eine Tochter, und mein Mann auch!«

Ich stand auf und umarmte sie herzlich.

»Ach, Frau Ferdinande, ich brauche so notwendig eine Mutter, viel nötiger als einen Ehemann!«

Sie küßte mich.

Als ich sie bis zum Parktor begleitete, sagte ich: »Frau Ferdinande, grüßen Sie Johann-Heinrich von mir. Ich danke ihm! Aber er möge mir Zeit lassen, einen Entschluß zu fassen. Vorher möchte ich Muhme Christiane und den Ahldeggs endlich mitteilen, was sie wissen müssen!«

»Wenn es Ihnen recht ist, Anne-Catherine, möchten mein Mann und ich Ihnen diese Aufgabe bei Ahldeggs abnehmen. Es ist zuviel für Sie! Und wir tun es gerne für Sie! Sie haben in Ihrem jungen Leben zuviel zu tragen. Beten wir, daß alles Leid ein Ende findet.«

Ich dankte ihr und sah ihr nach. Am meisten Angst habe ich davor, was Ulrike sagen wird! Seufzend wandte ich mich zurück zum Haus.

Heute ist Sonntag. Wir waren in der Kirche, die Muhme und ich. Der Pfarrer Markloff sprach über den Text: »Gott, hilf mir, denn das Wasser geht mir bis an die Seele!«

Mir war, als hätte ich einen Schlag bekommen. Mir wurde so übel, daß die Muhme und Heinrich mich hinausbringen mußten. Ich kam kaum in den Wagen. Die Muhme hielt mir mit zitternden Händen das Riechfläschchen unter die Nase, und Heinrich hetzte die Pferde, daß sie mir leid taten.

Da wir vor der Zeit aus der Kirche kamen, lief Carl besorgt herbei, Elise stürzte aus der Tür, hinter ihr die Köchin. Man trug mich in mein Zimmer. Elise und die Muhme zogen mich aus und brachten mich zu Bett. Ich weinte und konnte mich nicht beruhigen. Carl brachte mir eine heiße Schokolade, Elise räumte das Zimmer auf, und die Muhme gab mir Löffel um Löffel des heißen Getränks wie einem Kind in den Mund. Ich beruhigte mich. Die heiße Schokolade tat mir gut. Ich schickte Carl und Elise hinaus. Die Muhme streichelte meine Hände.

»Kindchen«, sagte sie, »was ist denn? Was hat dich so erschreckt und aufgeregt? Der gute Markloff wird nachher ankommen und denken, er habe dir etwas angetan!«

So kam es denn auch! – Nachdem ich ihm alles gesagt hatte, war mir sehr viel wohler. Er sah mich nur an und sagte:

»Mein Kind, Gottes Wege sind wunderbar, vertrauen Sie auf ihn! Er hat Ihnen viel Schweres auferlegt, aber er weiß, warum! Und immer sind es die Starken, die für die Schwachen mittragen müssen! Denken Sie daran, wenn Sie verzagen wollen!«

Aber zuvor mußte ich der Muhme endlich sagen, was mir da auf der Seele brannte. Sie konnte es nicht fassen!

Weiß bis in die Lippen saß sie und umklammerte meine Hände wie im Krampf.

»Nein! Anne-Catherine, nein! Das kann nicht wahr sein! Das darf nicht wahr sein! Mein Gott, wie entsetzlich! Wie froh bin ich, daß Jost dies erspart blieb!«

»Du irrst dich, arme Muhme; er hat es gewußt! Ich habe dich im Glauben gelassen, er habe nicht mehr gesprochen. Aber er hat die Schritte Wolrads gehört. Er hat an meinem Gesicht und in meinen Augen gesehen, was mir geschehen war. Es war sein Tod! Er hätte es nie überwunden. Seine letzten Worte an mich waren: Bete, Anne, bete!« Ich weinte wieder, und es stieß mich in meinem Körper, daß mir übel wurde.

»Vergib mir, Muhme, vergib mir! Ich kam mir so schlecht vor, dir dies so lange zu verheimlichen! Ich sah deine Freude auf das Kind, auf Josts Kind. Ach, es ist entsetzlich! Wäre ich doch gestorben!«

Da erwachte die Muhme aus ihrer Erstarrung. Sie rüttelte mich. »So darfst du nicht reden, Anne-Kind! Das ist Sünde! Es war Gottes Wille – er ließ es geschehen! Er wird alles gut machen!«

Aber wieder war sie voller Angst. »Wirst du Wolrad heiraten? Er ist nicht wie Jost! Und solch einen Mann brauchst du! Wolrad würde dich todunglücklich machen mit seinem unruhigen und ungestümen Wesen. Du fändest bei ihm keinen Frieden!«

Ich trocknete meine Tränen und sah sie an. »Muhme, ich heirate Wolrad nicht! Ich habe mir das gleiche wie du tausendmal gesagt. Ich dachte an Papa, an Mama und an Jost!« Ich erzählte ihr von Johann-Heinrich Michael.

Da nickte die Muhme. »Er wäre der rechte nach Jost! Aber bedenke es in Ruhe, Anne-Kind! Und nun wollen wir getrost dem lieben Gott das Weitere überlassen!« Sie seufzte tief und küßte mich.

»Vergibst du mir Muhme? Und auch Wolrad?«

»Hast du ihm vergeben?«

»Ja, Muhme, und ich bete täglich für ihn!«

»Das ist recht, mein Kind!«

Wie bin ich erleichtert nach dieser Beichte! Ach, daß ich der guten Seele so weh tun mußte! Warum?

Gestern waren die Ahldeggs da. Carl sagte mir Bescheid, als ich aus dem Park kam und meinen großen Strohhut ablegte.

»Sie sind in der Bibliothek«, sagte er, und nahm mir die Leine von Dido aus der Hand. »Graf Ahldegg hat seinen Hund mit, ich will Dido so lange in die Küche bringen.«

Klopfenden Herzens betrat ich den Raum. Die Gräfin umarmte mich, und Graf Ahldegg küßte mir die Hand. Er sagte mit rauher Stimme:

»Können Sie unserem Hause verzeihen, was Ihnen Schlimmes angetan wurde?«

Ich nickte. »Ja, ich habe Wolrad verziehen, aber es war sehr schwer!«

Die Gräfin geleitete mich zu dem Sofa. Sie ließ sich neben mir nieder. Graf Ahldegg blieb stehen.

»Warum haben Sie den Antrag meines Sohnes abgelehnt? Frau Michael sagte mir, daß Wolrad Ihnen seine Liebe gestanden hätte!«

Ich sah Muhme Christiane, die sich immerfort die Augen wischte. Ich sah den Hund des Grafen, der sich die Pfote leckte. Sah vor mir das grüne Kleid der Gräfin mit den goldenen Verschnürungen. Merkwürdig! Daß einem in solchen Augenblicken so etwas auffällt und man es so überdeutlich wahrnimmt!

Carl brachte Wein. So hatten wir jeder ein Glas in der Hand, woran wir uns ein wenig festhalten konnten. Als Carl hinaus war, sagte ich:

»Ich fürchtete mich vor Wolrad! Seine Liebe ist mir zu ungestüm, sein Wesen zu unruhig! Ich brauche einen Mann, wie Jost es war. Ich wäre mit Wolrad nie glücklich geworden! Es wäre nie die Ehe gewesen, die ich mit Jost hatte!«

Der Graf nickte seufzend. »Sie haben recht! Und Sie sind zu jung, einen solch wilden und ungebärdigen Mann zu bändigen. Es würde über Ihre Kräfte gehen. Das hat er natürlich nicht bedacht!«

»Wenn mein Kind geboren ist, werde ich Johann-Heinrich Michael heiraten!« sagte ich. »Dies ist mein fester Entschluß! Alles, was Jost mir hinterlassen hat, vererbe ich an Ulrikes Sohn Claus-Joachim.«

Der Graf schüttelte den Kopf. »Übereilen Sie nichts, Anne-Catherine. Könnte nichts Sie dazu bewegen, Wolrad doch zu heiraten und sein Kind mit ihm zu vereinigen, durch Sie?«

»Nein«, sagte ich fest. »Ich habe es mir reiflich überlegt, mein Entschluß steht fest! Bitte helfen Sie mir, zu tun, was mein Herz mir gebietet! Glauben Sie mir – und auch Sie, Frau Tante, daß es so am besten ist!«

Die Gräfin umarmte mich weinend, die Muhme schluchzte, und auch der Graf hatte feuchte Augen und brummelte irgendwas vor sich hin. Ich hatte plötzlich keine Tränen mehr. Ich war nur erleichtert, daß diese bangen Minuten endlich vorüber waren!

»Ihr Kind ist unser Enkel, Anne-Catherine«, sagte der Graf. »Darum erhalten Sie uns Ihre Freundschaft und vergeben Sie von ganzem Herzen! Wir werden Ihr Kind lieben wie unseren anderen Enkel, denn es ist Blut von unserem Blut! Wir, meine Frau und ich, hätten Sie gerne zur Tochter gehabt. Aber wir ehren Ihren Entschluß und können ihn auch verstehen. Gottes Wille geschehe!«

Und so schieden wir nach dieser schweren Stunde voneinander!

»Willst du wirklich Johann-Heinrich heiraten, Anne-Kind?« fragte die Muhme hinterher.

»Ja, denn mein Kind soll einen guten, frommen Vater und ebensolche Großeltern bekommen. Denn kein Kind ist ärmer als das meine, obwohl es hier an nichts fehlt! Nur die Gebete vieler Angehöriger können meinem Kind helfen! Es hat ja schon eine Seele. Ich habe dies Kind nicht gewollt – es entstand mit Gewalt und Herzeleid. Und ist doch ein Geschöpf Gottes!«

Die Muhme nickte. »Du hast recht, Anne. Ich glaube, es wird noch alles gut. Und wenn du aus diesem Hause gehst, werde ich mitgehen!«

»Muhme«, rief ich entsetzt, »nein, das sollst du nicht! Das darfst du nicht! In diesem Hause bist du aufgewachsen und dein Leben lang gewesen. Alte Bäume darf man nicht verpflanzen. Ich werde dich oft und oft besuchen mit meinem Kind!«

»Nein, Anne«, sagte sie fest, »ich komme mit! Ulrike wird mit ihren Kindern und ihrem gelähmten Mann in dies Haus ziehen. Da bin ich überflüssig. Aber nicht bei dir! Nimm mich mit, ich bitte dich darum von ganzem Herzen!«

Da nahm ich sie in meine Arme, an mein Herz, das so viel gelitten hat. »Ja, du gute, treue Seele, wenn du es so sehr wünschest, dann komm in Gottes Namen mit mir! Sei bedankt für alles!«

Gott sei Lob und Dank, daß ich alles überstanden habe. Unsere Leute sind alle so lieb und fürsorglich zu mir, daß es mich rührt!

Mein Leib wird schwer und schwerer. Das Kind regt sich oft so ungestüm, so ungebärdig. Gott im Himmel, gib, daß es nicht so wild wird wie Wolrad! Ich wünsche oft, daß auch dies überstanden wäre. Eine Frau muß doch in ihrem Leben durch viele finstere Täler gehen, erst recht, wenn sie einem Kinde das Leben gibt!

Ich werde wieder eine Heimat haben wie in Frankreich! Eine Mutter und einen Vater und einen guten Mann zur Seite! Und die Muhme! Wie reich bin ich! Lieber Gott, ich danke dir von ganzem Herzen und ganzer Seele dafür! Und schütze den Vater meines Kindes!

Medicus Kramer ist angekommen. Alle im Hause sind fröhlicher Erwartung. In der Halle stehen wieder die Tanne und die Krippe! Ist es erst ein Jahr her? Es kommt mir vor wie tausend Jahre! Ob mein Kind ein Christkind wird? Es fehlen nur noch wenige Tage, und mir ist oft so, als begänne es, sich von mir zu lösen. Aber ich habe keine Furcht! Auch dies finstere Tal will ich bestehen!

1. Weihnachtstag. Gestern wurde mein Sohn geboren. Er heißt Jost-Peter-Heinrich. Nach meinem Gatten, meinem Vater und nach dem Mann, dessen Frau ich bald sein werde.

Gott sei gedankt für alle Hilfe! Er ist unsre Zuversicht und Stärke, eine Hilfe in den großen Nöten, die uns betroffen haben!

2. März 1687

Heute fand meine Eheschließung mit Johann-Heinrich Michael statt. Pfarrer Markloff traute uns mit meinem Lieblingspsalm 23.

Gleichzeitig tauften wir unseren Sohn Jost-Peter-Heinrich. Die Taufpaten waren: Muhme Christiane, Ferdinande Michael und Graf Ahldegg. Der Taufspruch meines Sohnes heißt: Wer ist der, der den Herrn fürchtet? Er wird ihn unterweisen den rechten Weg!

Hiermit schließe ich mein Tagebuch!

Gott sei dem Leben derer gnädig, die es lesen und die vom Blute und Geschlechte dieses meines Kindes sind!

WEITERE R. BROCKHAUS TASCHENBÜCHER

291 **Der Schmuggler Gottes** v. Br. Andrew
304 **Dein Typ ist gefragt** v. O. Hallesby
305 **Freu dich, das Beste kommt noch** v. C. ten Boom
309 **Das Schönste kommt noch** v. F. Rienecker
312 **Mit Gott durch dick und dünn** v. C. ten Boom
313 **Achtung: Fehlschaltung!** v. M. Horie
314 **Tal der Liebe** v. E. Hong
320 **Bete und staune** v. C. Marshall
326 **Unterwegs erlebt** v. P. Strauch
328 **So ist Jesus** v. W. de Boor
329 **Verantwortung – Leitung – Dienst** v. J. O. Sanders
331 **Gott tröstet** v. H. Risch
333 **Die Rettung der Verlorenen** v. T. Goritschewa
338 **Sterben – Der Höhepunkt des Lebens** v. H. Maier-Gerber
339 **Faulheit ist heilbar** v. R. Ruthe
340 **Wer nicht glaubt, glaubt auch** v. K. Vollmer
344 **Jesus ist Sieger** v. C. ten Boom
347 **Kennen Sie ihn?** v. I. Hofmann
348 **Ich mag dich** v. H. Bärend/H.-H. Böhm
351 **Michelle** v. C. E. Phillips
362 **Gott weiß den Weg** v. C. Marshall
363 **Eigentlich nichts Besonderes** v. P. Deitenbeck/G. Rumler
364 **Ich mag mich** v. H. Bärend/H.-H. Böhm
365 **Der Chef hieß Mexiko** v. F. Pawelzik
368 **Das verlorene Ich** v. M. u. H. Horie
369 **Ausweg aus der Krise** v. W. Lachmann
370 **Unsichtbare Mächte und die Macht Jesu** v. H. Rohrbach
371 **Aus meiner Hausapotheke** v. E. Modersohn
374 **Warum geht es uns nicht gut...** v. K. Eickhoff
376 **Der Weg der Erneuerung** v. R. Hession
378 **Friede, Friede – und ist doch kein Friede** v. K. Vollmer
379 **Christl. Literatur des 20. Jahrhunderts, Bd. 1** v. C. P. Thiede
380 **Christl. Literatur des 20. Jahrhunderts, Bd. 2** v. C. P. Thiede
381 **Die Kraft des Schweigens** v. H. J. Baden
382 **Ich frag mich** v. H. Bärend/H.–H. Böhm
385 **Die Pilgerreise** v. J. Bunyan
387 **Was Kinder von Gott wissen wollen** v. G. Göhr
388 **Umgang mit der Angst** v. M. u. H. Horie
389 **Mit vereinten Kräften** v. H. Bärend/H.–H. Böhm
390 **Wie bereite ich eine Bibelarbeit vor?** v. K. Beyer
393 **Die Brücke trägt** v. K. Brandt
394 **Entdeckungen in der Einsamkeit** v. P. Strauch
395 **Gemeinschaft – lebenslänglich** v. U. Eggers
396 **Die Stunde ist da** v. J. Dirnbeck
397 **Tisch in der Wüste** v. W. Nee
398 **Gentechnik – der Griff nach dem Leben** v. U. Eibach
399 **Es ist niemand zu groß** v. H. Fuchs
400 **Wie man wer wird** v. K. Vollmer
404 **Frauen unterwegs** v. G. Biermann/M. Tanner
406 **Ich will mein Kind stillen** v. M. Ehler
407 **Frömmigkeit und Lebenskunst** v. H. J. Baden
408 **Wir wußten, daß du früher gehst** v. W. Weyrich
409 **Sieben Wochen ohne** v. C. G. H. Westphal

411 **Erfolg – und was dann?** v. K. Scheffbuch
412 **und führte mich hinaus ins Weite** v. D. Scheunemann
414 **Südafrika: Widerstand und Vergebung** v. H. K. Hofmann
415 **JAKOB oder Der gestohlene Segen** v. H. Kemner
416 **Vom Reden und Schweigen** v. M. u. H. Horie
417 **Sterbehilfe – Tötung auf Verlangen** v. U. Eibach
418 **Mein Gott – warum?** v. G. Klempnauer
419 **Die Kehrseite der Macht** v. E. Hofmann
420 **Ich war ein Atheist** v. M. Ackermann
421 **Dann wär man nicht mehr so allein** v. R. Bladt
422 **Die Faszination des Übersinnlichen** v. H. Rohrbach
423 **Los vom Ich?** v. E. Modersohn
424 **St. Pauli-Geschichten** v. D. u. R. Fischer
425 **Duett statt Duell** v. R. Ruthe
426 **Wo man in Frieden sterben kann** v. A. Fried
427 **Die Schöpfung bewahren** v. H.-H. Böhm
428 **Heiraten – in Gottes Namen** v. Hattenhauer/Langenbach
429 **Und der himmlische Vater ernährt sie doch** v. G. Müller
430 **Spiele für das kranke Kind** v. Chr. Klaes
431 **Warum bis zur Ehe warten?** v. M. Furch
432 **Einer steht zu dir** v. Gefährdetenhilfe Scheideweg
433 **Ein Ziel haben** v. M. Bönig
434 **Grünes Land mit grauen Flecken** v. W. Lanz
435 **Ich suchte die Neue Zeit und fand Gott** v. K.-H. Walper
436 **Eine Kirche denkt nach** v. K. Vollmer
437 **Unter den Kreuzen von Eisen** v. M. Ackermann
438 **Hofacker-Brevier** v. H. Schäfer
439 **Hinter dem Schmerz die Liebe** v. J. Grayshon
440 **Die Kraft** v. H. Bährend/H.-H. Böhm
441 **Vom Heilwerden** v. K. A. Lennert
442 **Das Heil von Golgatha** v. H. Bezzel
443 **Die Existenz Gottes** v. W. L. Craig
444 **Du bist mein** v. M. u. R. Holland
446 **Schöpfung – Mythos oder Wahrheit** v. H. Rohrbach
447 **Mit der Bibel arbeiten** v. E. Lubahn
448 **Wo gehobelt wird ...** v. K. Krämer
804 **Gesucht wird Mann mit Phantasie** v. F. Pawelzik
809 **Jesus Christus heute erlebt** v. L. Anders
811 **Mein Alltag mit Christus** v. L. Anders
812 **Rocky, der Mann mit der Maske** v. M. Ackermann
814 **Die fröhliche Blechkirche** v. F. Pawelzik
815 **Das Land, das ich dir zeige** v. P. Lotar
816 **Eine von den Unbezwungenen** v. R. O. Latham
817 **Die Zuflucht** v. C. ten Boom
819 **Emscherperlen** v. F. Pawelzik
820 **Das Buch der Lebenden** v. R. Brandstätter
821 **Ein Taxi bitte!** v. L. Schmechel
822 **Gib nicht auf Wanja!** v. M. Grant
823 **Es geschah in Heiliger Nacht** v. G. Zottmaier
824 **Signora Angela u. a. Geschichten** v. F. Pawelzik
825 **Biggi – Eine von der Reeperbahn** v. M. Ackermann
826 **Frankreich ohne Rückfahrkarte** v. F. Pawelzik
827 **Friedrich von Bodelschwingh** d. J. v. M. Hellmann
828 **Blätter im Sturm** v. M. Fischer
829 **Durchs dunkle Tal** v. M.-L. Blunk
830 **Amy Carmichael** v. F. Houghton